KB265976

아이를 위한
지구는 없다

아이를 위한 지구는 없다

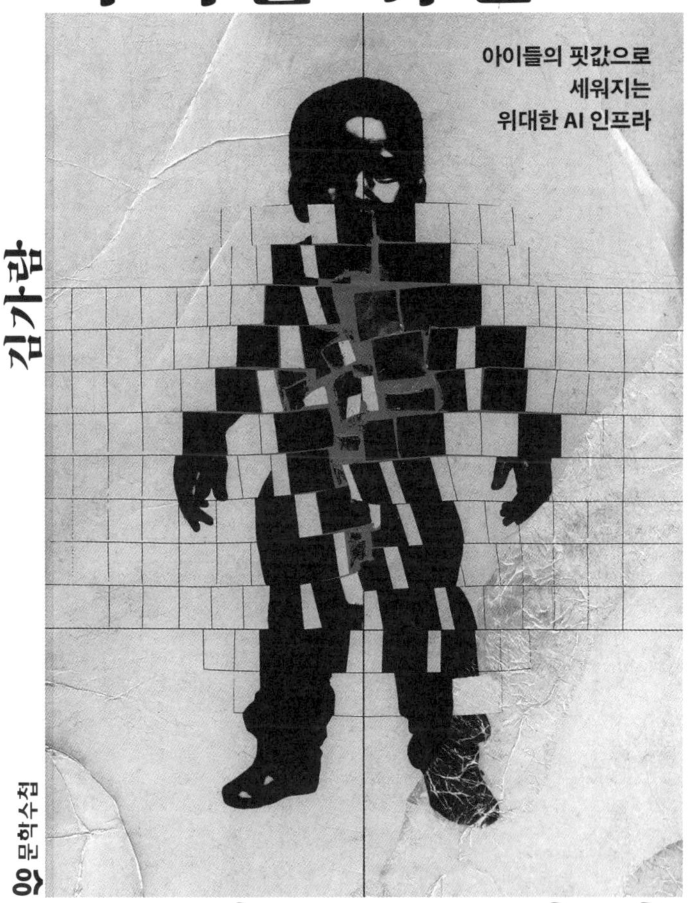

김가람

문학수첩

차례

아이가 있어
이토록 좋은 세상

2024년 5월, 왓츠앱으로 부고가 전해졌다. 발신인은 콩고민주공화국의 운전기사 에리체였다. 사촌 동생인 길라가 어제 죽었다고 했다. 부고 기사 속 'PRESS'가 적힌 파란 조끼와 장난기 어린 미소를 보니 분명 그가 맞았다. 길라 발루메 무힌도^{Guylain Balume Muhindo}. 그는 나의 친구이자 통역가이자 동료 저널리스트였다. 일주일 전까지 인스타그램에서 파티와 취재 현장을 오가던 건강한 30대 청년이 갑자기 죽었다. 해외 언론에 기사를 납품하려고 홀로 콜웨지^{Kolwezi} 광산을 찾았다가 갑자기 몸이 아파 병원에 갔는데 깨어나지 못했다고 했다. 그것이 에리체와 내가 알 수 있는 전부였다. 그날 페이스북에는 추모의 글이 몇 개 올라

왔다. 그리고 아무 일도 일어나지 않았다. 그 땅은 젊은 저널리스트의 석연치 않은 죽음이 어떤 뉴스도 되지 못하는 곳이었다.

우리는 함께 KBS 환경스페셜 〈아이를 위한 지구는 없다〉를 촬영했다. 길라, 에리체, 촬영 감독 이희주, 나까지 네 명이 함께였다. 떠올려 보면, 그들과 콜웨지 광산에 머문 시간은 인생에서 가장 돌아가고 싶지 않은 2주였다. 매일 새벽 두터운 금속 먼지 속에서 깨어나 숨 쉬는 모든 순간이 고통스러웠다. 마스크를 끼고 들숨을 최대한 얕게 하려 애썼지만 금세 목이 텁텁해지고 눈물이 고였다. 살아남으려면 이 공기를 마음껏 들이마셔서는 안 된다는 것을 본능적으로 알 수 있었다. 그리고 그곳에서 우리는 스마트폰 배터리에 들어갈 원료를 채굴하고 있는 수백 명의 아이들을 목격했다. 콩고민주공화국 정부가 해외 언론에 절대 보이고 싶어 하지 않는 바로 그 장면이었다.

겹겹의 검문과 시비를 통과해 들어간 광산에서는 무장한 경비대에게 위협당하는 것이 매일의 일과였다. 광산 앞 도로에서 과자를 팔러 다가온 꼬마는 뒷자리의 '외국인'을 보자 총을 든 어른들을 데려왔다. 한 명의 아이라도 돕고 싶다는 알량한 희망은 매번 바스러졌다. 어른에게 아이는, 아이에게 어른은, 우리는 서로에게 그저 돈이었다.

해 질 무렵이면 마을 여기저기서 총성이 울렸다. 그러면 단 한 명의 아이도 광산에서 구해내지 못한 우리는 무사히 그곳을 빠져나오기 위해 100달러 지폐를 내밀고 또 내밀어야 했다. 지폐의 유효 기간은 대개 한 시간 남짓이어서 우리 넷은 사정하다가, 조금 찍다가, 성난 사람들이 몰려들면 차에 뛰어올라 도망치기를 반복했다. 어느 저녁 숙소로 돌아가는 길에는 광산 트럭과 시비가 붙은 버스가 방화로 전소되었다. 우리는 불길과 비명이 오가는 도로 위에서 세 시간을 갇혀있어야 했다. 겨우 숙소에 돌아와도 치안 문제로 문 밖으로는 한 발짝도 나갈 수 없었고, 물이 유독할 만큼 오염된 터라 크래커와 생수로 배를 채우는 게 최선이었다. 그럼에도 그 2주는 인생에서 가장 가치 있는 여행이었다. 가야만 보이는 현실이, 봐야만 바뀌는 생각이 있음을 온몸으로 깨달았기 때문이다. 수천 번 시간을 돌린다 해도, 그 목격과 기록을 위해 나는 콩고로 가는 비행기에 다시 오를 것이다.

시간을 더 거슬러 올라가, 길라와 내가 만나게 된 것은 미국인 변호사 테리 콜링즈워스Terry Collingsworth 때문이었다. 테리는 무슨 소리냐며 의아해하겠지만, 나는 아동 노동으로 만든 배터리를 사용하는 애플, 알파벳(구글), 델, 마이크로소프트, 테슬라를 상대로 그가 제기한 소송을 접하고 원고 즉 콩고민주공화국의 아동 노동 피해자들을 만나 다큐멘터리를 만들겠다는 마음을 먹었다. 촬영에 앞서 길라와 나는 소장의 아이들을 찾기 위해 몇 달을 수소문했다. 그러나 신변 위협으로 꼭꼭 숨어버린 피해자들을 만날 길은 요원했다. 절망할 필요는 없었다. 소송 문건 속 피해자는 열여섯 명뿐이었지만, 콜웨지의 거리에는 같은 하루를 사는 아이들 수백 명이 있었기 때문이다. 애써 찾아가지 않아도 삽을 든 채 흙투성이가 되어 울고 있는 아이들이 어디서나 보였다. 나이지리아 라고스Lagos에서도 마찬가지였다. 우리 삶을 지속 가능하게, 스마트하게 만들어 주겠다고 약속한 전자제품들이 불타는 곳에는 재를 뒤집어쓰고 숨을 쌕쌕이는 아이들이 있었다. 주머니 속 스마트폰에 온 지구가 연결된 이토록 좋은 세상은 그 아이들 없이 굴러가지 않았다. 우리의 전자제품을 충전하고 재활용하기 위해 그 작은 몸들은 발전기이자 분쇄기가 되어야 했다. '글로벌 공급망'의 바닥에는 '가장 저렴한 노동력'

이라는 원료가 되어 짓눌린 아이들이 있었다.

이 책은 콩고민주공화국에서 2주, 나이지리아에서 2주를 머물며 만난 아이들에 대한 기록이다. 팬데믹이 끝난 후, 기후와 환경에 대한 관심은 바이러스만큼이나 잦아들었다. AI가 세상을 완전히 바꿔놓을 것이라는 환희와 두려움 속에 우리의 생산, 소비, 폐기를 성찰하고 더 나은 세상을 위해 마음을 모아 목소리를 내는 일 따위는 철 지난 소꿉장난처럼 보인다. 결국 이기적인 인간들이 풀지 못한 환경 문제도 AI가 전부 해결할 테고, 그러므로 우리는 빠르게 데이터센터와 메모리카드를 확보하면 될 것만 같다. 그러나 그 위대한 AI 인프라마저도 아이들이 캔 코발트 없이는 돌아가지 않고, 수명이 다하면 그것을 가장 싸고 지저분하게 재활용해 줄 아이들의 손에 들어간다. 그러거나 말거나, 세상을 바꿀 기술의 앞길에 잔소리를 늘어놓는 이들은 모두 경제관념이 없는 한가한 사람들일 뿐이다.

사실일까? 지금도 아이들은 죽어간다. 그것이 사실이다. 20년의 기술 발전은 코발트 광산과 전자 폐기물 더미 위 아이들의 삶을 하나도 바꾸지 못했다. 세계를 충전하고 또 재활용하는 곳의 일당은 스마트폰의 판매량과도, IT 기업의 주가와도 연동되지 못했다. 눈부시게 성장한 친환경 기술은 그 기술의 원료를 제공하는 마을의 물과 공기에는 전혀 적용되지 않았다. 여전히 우리는 아이들의 하루를 뽑아 스마트폰을 충전하며 AI 챗봇과 대화한다. 기술은 운명이 아니다. 기술은 스스로 사회를 결정하지 못한다. 우리가 가만히 있으면, AI가 알아서 아동 노동을 없애주고 전자 폐기물 무덤을 실리콘밸리 사무실처럼 만들어 주지 않는다. 우리가 가만히 있으면, AI 기업의 우선순위에 콜웨지 아이들의 으깨진 다리 같은 것이 들어갈 리 없다. 그래서 이 낡은 이야기를 책으로 써야 했다.

1장

광산

1 빨간 눈의 아이들

"피고인 애플, 알파벳(구글), 델, 마이크로소프트, 테슬라는 콩고민주공화국을 약탈과 수탈의 대상으로 삼아온 탐욕스러운 착취자들의 목록에 최근 합류했을 뿐이다. 이들은 콩고민주공화국에 끔찍한 약탈의 역사를 남겼고, 그 과정에서 사람들은 잔혹하게 학대당하고 착취되어 왔다. 현재의 콩고민주공화국 지역은 한때 비교적 인구가 많았고, 노예 상인들에게는 비옥한 사냥터였다. 추정에 따르면, 16세기부터 19세기 사이에 콩고 분지에서만 수백만 명의 노예가 끌려갔다. 19세기 중반, 노예제가 마침내 세계 대부분의 지역에서 불법이 되었을 때 콩고는 잠시나마 숨을 돌릴 수 있었다. 그러나 산

업화가 본격적으로 시작되자, 또 다른 유형의 탐욕스러운 착
취자들이 천연자원을 추출하기 위해 아프리카로 돌아와 사
람들을 잔혹하게 학대하고 노예로 삼았다."

—콩고민주공화국 아동 광부 열여섯 명을 대리하여 변호사 테리 콜링즈워스가 미국
연방법원에 제출한 소장[1]

"국왕 폐하의 방문을 환영합니다."

육교를 삼켰던 주황빛 흙먼지가 잠시 가라앉자 커다란 얼굴
두 개가 대형 간판 위로 드러났다. 콩고민주공화국 남동부 광산
지대에 온 지 일주일째, 그토록 활짝 웃는 사람을 본 것은 처음
이었다. 왕관을 쓴 두 사람은 필리프^{Philippe} 국왕과 마틸드^{Mathilde}
왕비였다. 1960년까지 이 나라를 식민 통치했던 벨기에의 왕족
인 두 사람은 나보다 한 달 먼저 이곳을 다녀갔다. 반면 그들의
조상은 한참 일찍 이곳에 도착했다. 그리고 이 땅을 '나의 것'이
라 선언했다.

1885년, 필리프 국왕의 고조부의 동생 레오폴드^{Leopold} 2세는

---

1 Complaint, 〈Jane Doe 1, et al. v. Apple Inc., et al., Case No. 1:19-cv-03737〉, Dec 16,
2019.

광산 지대의 거리

이른바 '콩고 자유국Congo Free State'을 세웠다. 이는 전무후무한 개인 소유의 식민지로, 레오폴드 2세는 콩고민주공화국 전역을 사유지 삼아 잔혹한 통치를 시작했다. 식민 통치 기간 강제 노동, 고문, 신체 절단 등으로 목숨을 잃은 사람만 당시 인구의 절반, 약 1천만 명으로 추정된다.[2]

역설적이게도 이 나라는 그때나 지금이나 지극히도 풍요로운 자원 부국이었다. 그래서 돈이 되었고, 그러니 침략할 가치가

---

2 Hochschild, Adam, 《King Leopold's Ghost: A Story of Greed, Terror, and Heroism in Colonial Africa》, Houghton Mifflin, Boston, MA, 1998.

있었다. 20세기 초, 자동차 바퀴의 수요가 폭발적으로 증가하자 고무가 풍부한 이 지역은 아프리카에서 수익성이 가장 높은 식민지가 되었다. 덩달아 레오폴드 2세는 벨기에보다 75배 넓은 콩고 자유국을 착취한 덕분에 유럽 최고의 부호 자리에 올랐다. 그러나 고무의 수요가 늘어나고, 이 땅의 가치가 높아지는 것은 콩고인들에게 아무런 기쁜 소식이 되지 못했다. 그들은 고무 채취에 강제로 동원되었고, 하마 가죽으로 만든 채찍에 살이 찢겼다. 그럼에도 할당량을 채우지 못한 이들은 손이 잘렸다. 벨기에인들은 콩고인 부모가 쓸모를 인정받지 못하면 아이의 손까지 잘랐다. 레오폴드 2세가 '기독교와 문명'을 전파하겠다며 콩고 자유국을 세운 곳에는 문명도 자유도 없었다. 콩고인들은 심지

광산에서 일하는 아이들

어 잘린 손을 들고 카메라 앞에 서기까지 해야 했다.[3]

그로부터 100년이 지나 느지막이 이곳에 찾아왔더니, 자기 몸만 한 자루를 등에 멘 채 땅만 보며 걷는 아이들이 눈앞에 있었다. 몇 년 전 〈TV 유치원〉을 만들 때 만난 네다섯 살짜리 출연자들과 몸집이 비슷한 꼬마들이었다. 아이들의 얼굴은 한바탕 흙 놀이를 한 것처럼 허연 먼지 자국으로 얼룩덜룩했고, 하나같이 눈이 새빨갛게 충혈되어 있었다. 카메라를 흘끗 쳐다보던 아이들은 어떤 남자가 소리를 지르자 자루에 눌린 몸으로 최선을 다해 뛰었다. 슬리퍼를 신은 작은 발로 뛴다 한들 속도가 날 리 없었지만 아이들은 하루를 무사히 넘기려면 어떻게 해야 할지를 너무 잘 알고 있었다.

가슴이 답답하고 속이 메슥거렸다. 기분 탓만은 아니었다. 한국에서 챙겨 온 방진 마스크의 코 지지대를 눌러봤지만, 대기를 꽉 채운 금속 먼지에 눈과 목이 따가워 왔다. 순간 광물을 가득 실은 대형 트럭과 인간을 빼곡히 세워 담은 소형 트럭이 교차하며 눈앞을 가렸다. 뷰파인더에는 또다시 주황색 흙먼지만 가득

---

3 Harris, Alice Seeley, 〈Congolese men holding severed hands〉, Anti-Slavery International, London, 1904.

했다. 연신 기침을 하던 촬영 감독이 물었다.

"선배, 여기서 뭘 찍어야 하는 거예요? 차? 사람? 풍경?"

"그냥 이거요. 뭐가 어디서부터 잘못됐는지 알 수 없고 뭘 어째야 할지 모르겠고 여기 무슨 희망이 있나 싶은 지금 이대로를 그냥 찍어주세요."

2 주 84시간,
시급 120원

오늘 날이 흐릴지 맑을지 알 수 없었다. 이른 새벽은 그저 캄캄하고 차가웠다. 모린과 카스는 매일 어둠 속에 집을 나섰다. 어제 일을 마치고 집에 들어오며 벗어둔 신발 두 개가 그 자리 그대로 아이들을 기다리고 있었다. 열세 살 모린이 푸른색 파뉴로 어깨를 감싸며 흙 묻은 신발에 발을 집어넣자 머리 하나가 작은 카스가 뒤따라 방에서 나왔다. 눈꺼풀이 무거운 아이는 빨간 후드티의 지퍼를 목 끝까지 채우고 주머니에 손을 찔러 넣은 채 두 살 많은 누나의 뒤를 따랐다. 흙길을 터벅터벅 얼마쯤 걸었을까. 지붕 위로 해가 떠오르기 시작했다. 그러거나 말거나 아이들은 땅만 보고 30분을 걸었다. 누나도, 동생도 아무런 말이 없었다.

모린과 카스가 일하는 비공식 광산

가끔 보이는 거리의 상점도, 정적을 깨는 닭 울음 소리도, 쌩하고 지나가는 오토바이와 옥수수 냄새도 어느 하나 아이들의 눈길을 잡거나 입을 열지 못했다.

아침 7시, 카파타Kapata 광산에서 남매의 하루는 시작됐다. 그곳은 콩고민주공화국에서 코발트 채굴이 가장 활발한 콜웨지 일대의 수많은 비공식 광산 중 하나였다. 바로 옆에는 울타리로 막혀있는 대형 광산이 있었다. 스위스 기업 글렌코어Glencore가 높은 지분을 보유한 광산, 그 아래 얕은 호수를 동그랗게 품은 황무지가 남매의 일터였다. 멀리서 보면 대형 광산의 흙벽이 마

비공식 광산에서 일하는 사람들

치 산 같아서 어처구니없게도 '배산임수'에 딱 들어맞는 지형이라는 생각이 들었다.

이미 광산은 장날 시장처럼 붐비고 있었다. 달의 표면처럼 불규칙한 구멍이 셀 수 없이 많은 바닥 위로 오가는 사람들이 어림잡아 1천 명은 되어 보였다. 호수에 발을 담근 채 허리를 굽혀 무언가를 줍는 사람도, 머리에 자루를 이고 가는 사람도, 구덩이 속에 몸이 반쯤 들어가 삽과 망치를 휘두르는 사람도, 맨손으로 돌덩이를 내려쳐 부수는 사람도 모두 같은 것을 좇고 있었다. 바로 검푸른 금속, 코발트였다.

코발트는 독성이 있는 금속인 동시에 무선 IT 기술의 혈액이다. 이 금속 없이는 스마트폰, 태블릿 PC, 전동 칫솔, 로봇 청소기, 전기 차는 작동하지 않는다. 지금 이 문장을 쓰고 있는 무선 키보드도 마찬가지다. 두꺼운 종이 서류와 꼬인 전선, 석유에 이르기까지 이 모든 거추장스러운 '물질'로부터 우리를 해방시켜 준 충전식 리튬 이온 배터리에 리튬보다 더 많이 들어가는 것이 바로 코발트이기 때문이다. 리튬 이온이 양극과 음극 사이를 흐르며 충전, 방전이 이뤄지는 배터리에서 리튬이 '연료'라면 코발트는 '안전장치'의 역할을 한다. 스마트폰에 약 10g, 전기 차에 약 1만g이 들어가는 정제 코발트가 없다면 기기는 고장, 과열 없이 충전과 방전을 반복할 수 없다.

이처럼 세상의 모든 '무선'을 움직이는 코발트는 전 세계 공급량의 약 75%가 콩고민주공화국에서 채굴된다.[4] 드론을 띄워 보면 콜웨지는 곳곳이 폭파당한 폐허와 같았는데, 야구장만 한 커다란 구덩이들은 바로 해외 자본에 의해 개발된 코발트 광산이었다. 군인, 경찰, 민병대가 지키는 차량 검문소, 사람 키를 훌

---

4   U.S. Geological Survey, 〈Mineral Commodity Summaries 2026〉, U.S. Department of the Interior, Reston, VA, 2026.

쩍 넘는 철제 가림막에 둘러싸인 대형 '산업 광산'은 구덩이 하나의 지름이 수백 m에 달했다. 그리고 그 옆에는 어김없이 사방이 뻥 뚫린 비공식 광산, 이른바 '장인 광산^{Artisanal Mine}'이 들어섰다. 대형 광산에서 굴삭기와 불도저가 달팽이 등처럼 둥글게 지층을 깎아 내려가는 동안, 비공식 광산에서는 산업 혁명 이전의 '장인' 노동이 이뤄지고 있었다.

장인 광산에는 마스크도, 안전 장비도, 트럭도 없다. 근로 계약서도 근무 시간도 없는 이곳에서는 '노동력'으로서의 인간만이 있다. 이들이 바로 15만 명에 달하는 장인 광부다. 굶주림을 피해 하루를 버텨낼 길이 막막한 그들에게 손발은 유일한 도구이자 기계다. 이처럼 손발로 채굴하는 코발트는 콩고민주공화국 전체 생산량의 15~30%에 이르는데[5], 그것만으로도 세계 2위 코발트 생산국인 인도네시아의 채굴량을 뛰어넘는다. 이 거대한 세계의 충전 산업에 몸이 낀 아이들은 4만여 명[6], 모린과 카스는 그중 둘이었다.

---

5   UNODC, 〈Minerals Crime: Crimes in the supply chains of critical energy transition minerals〉, United Nations publication, Vienna, 2025.

6   U.S. Congress, 〈Congressional-Executive Commission on China, From Cobalt to Cars: How China Exploits Child and Forced Labor in DR Congo〉, Hearing, 118th Cong., 1st Sess., November 14, 2023.

대형 산업 광산

모린과 카스

가슴 높이의 자루를 나르는 것은 그날 남매가 처음 한 일이었다. 코발트와 돌이 흙에 섞인 자루 하나의 무게는 40kg, 어젯밤 잠든 옷차림 그대로 곧장 이리로 왔으니 하루의 시작은 곧 노동이었다. 물웅덩이 근처에 자루 수십 개를 담벼락처럼 놓은 후, 남매는 맨발로 물에 들어갔다. 흙색과 검푸른색이 섞인 물에서는 썩은 내가 풍겼다.

먼저 카스가 아기 담요만 한 크기의 거름망을 웅덩이 바닥에 깔았다. 그러자 모린이 자루에서 흙을 몇 움큼 꺼내 거름망 위에 쏟더니, 부러진 페트병 조각으로 흙을 고르게 폈다. 그런 다음 남매는 마주 서서 거름망의 양끝을 두 손으로 잡고 흔들기 시작했다. 불순물을 걸러내면서 동시에 코발트 광석을 씻으려면 거름망은 물에 잠겨있으나 바닥에서는 살짝 띄워져야 했고, 돌들이 튀어나가지 않도록 양끝을 너무 팽팽하지 않게 잡아야 했다. 아이들은 구호도 없이, 약속도 없이, 투정 한마디 없이 박자를 맞춰 온 힘을 다해 어깨를 흔들었다. 마주 선 채 거름망을 흔드는 남매는 아무 말이 없었다. 작은 어깨가 들썩일 때 쌕쌕이는 숨소리, 젖은 흙과 돌이 철썩이는 소리만이 들렸다. 아이들은 서로를 바라보지도 않았다. 눈동자는 마주한 어깨 너머 허공을 바라볼 뿐이었다. 그렇게 어깨를 백 번쯤 흔들고 나니 거름망 위에는 굵은 자갈만이 남았다. 거기서 손으로 잡돌을 골라낸 다음 불순물이 사라진 돌가루를 새 자루에 붓는 것까지가 남매의 임무였다. 자루에 담겨 왔던 흙더미는 아이들의 손을 거쳐 반짝이는 흑청색 가루가 되어갔다. 배터리를 만드는 귀한 몸이 되어 세계로 떠날 첫 걸음을 뗀 셈이다. 남매는 그렇게 해 질 녘까지 꼬박 열두 시간 코발트를 씻었다. 그래야 겨우 두 자루를 채울 수 있었다. 아이들이 버는 돈은 자루 하나에 2,500프랑, 약 1달러였다.

카스

"일이 끝나면 뭘 해요?"

카스는 씻다 만 돌가루에 시선을 고정한 채 작은 목소리로 대답했다.

"몸이 너무 아프고 피곤해서 물이랑 음식을 사서 바로 집으로 가요."

아이들은 어제 번 돈으로 사 먹은 음식으로 오늘 치 일을 끝냈다. 그래야만 해 질 녘에 2,500프랑을 벌 수 있었다. 그 돈은 다시 오늘 저녁 먹을 음식이 되고, 내일 아이들을 종일 광산에 붙들어 둘 영양분이자 족쇄가 될 터였다. 웃을 일 하나 없는 하루를 살아내기 위해 필요한 것들 중 공짜는 하나도 없었다. 우물마저 광산 폐기물에 오염되어 남매는 종일 갈증을 참고 일해야 했다. 아이들을 동그랗게 둘러싼 자루 수십 개가 어느새 창살처럼 보였다. 아이들의 정강이가 잠긴 검푸른 웅덩이는 곧 덫이었다. 자신을 아프게 하는 것이 틀림없는 독성 물질에 발을 담그는 것만이 남매의 유일한 살길이었다.

"늦은 시간까지 일하고 아침 일찍 일어나면 피곤하지 않아요?"

"네. 피곤해요."

모린은 자신의 어떤 감정도 공유할 생각이 없어 보였다. 힘들다고 털어놓아도 바뀔 것은 하나도 없다는 것을 알기 때문이리라. 아이는 짐짓 자신을 걱정하는 듯한 질문에 울기보다 조용히 힘을 아끼기를 택했다.

"모린, 무슨 생각을 하고 있어요?"

"그냥 견디는 거예요. 그래야 먹을 것을 살 수 있으니까요."

"광산에서 일하면서 가장 힘든 게 뭐예요?"

"음… 딱히 없어요."

"일하다가 다치거나 그러진 않아요?"

"뭐 가끔 자루를 들어 옮기다가 넘어져서 깔리기도 하고, 돌덩어리가 발 위에 떨어져서 긁히기도 하죠."

"부모님은 어디 계세요?"

"돌아가셨어요."

줄곧 시선을 피한 채 답하던 아이의 어깨가 순간 들썩였다.

"부모님이 돌아가시고 나서 돈이 없어서 학교를 그만둘 수밖에 없었어요."

모린의 눈동자가 처음으로 나를 바라봤다. 어른을 바라보는 아이의 눈에는 설움과 원망이 가득했다. 입을 꾹 다문 채 아이는 숨을 삼키며 무척 조용하고 서럽게 울었다. 흙이 뿌옇게 내려앉아 있던 아이의 얼굴이 젖어버렸다.

"오늘 아침은 먹었어요?"

"아뇨, 아무것도 못 먹었어요. 저녁을 먹으려면 오늘 일당을

모린

벌어야 해요. 저기 있는 어른들이 일당을 줘요.”

통역하던 길라는 질문을 멈추고 아이에게 미안하다는 말을 반복했다. 목이 멘 그는 나에게 부탁했다. 한국에 안전히 돌아가서 이 불쌍한 아이들을 꼭 도와달라고.

모린이 가리킨 곳에서 우리는 어렵지 않게 남매의 ‘보호자’를 찾을 수 있었다. 아이들의 할머니라고 자신을 소개한 카방기는 성인 남성들이 캔 광석을 자루째 받아다 씻어서 파는 사람이었다. 그녀는 갈 곳 없는 남매가 딱해 자신이 거둬 키우고 있다고 말했다. 아이들이 종일 씻은 코발트를 모두 가져가고 1달러를 주는 사람이 바로 그녀였다.

일은 쏜살같이 진행됐다. 남매의 보호자 즉 고용주인 카방기는 내가 건넨 지폐에 우리를 집으로 안내했다. 일터에서 돌아온 남매는 옷도 갈아입지 않고 곧장 아궁이로 향했다. 모린이 바닥에 쪼그리고 앉아 카사바 반죽을 휘젓는 동안 카스는 쟁반을 흔들어 불을 피웠다. 그곳은 주방이자 남매가 잠을 자는 공간이었다. 생선죽이 완성되자 카방기가 들어와 아이들 곁에 앉았다.

"얘기해 봐. 코발트는 다 씻었니? 할 일을 다 끝냈어?"

모린이 대답했다.

"아직 다 못했어요. 일곱 자루가 남아있었는데 그중에 두 자루밖에 못 끝냈어요."

"그거 빨리 끝내야 해. 일찍 일어나서 남은 걸 다 해야 돈을 받을 거 아냐?"

남매는 시선을 떨군 채 카사바 반죽을 뭉쳐 계속 입에 밀어 넣었다. 광산에서 묻혀온 흙이 얼굴 군데군데 뿌옇게 묻어있어도 아이들을 걱정하는 어른은 없었다.

"카스와 모린에게 매일 일을 시키는 게 당신인가요?"

"네, 맞아요. 저 아이들은 돈이 없잖아요. 돈이 없으면 일을 해서 벌어야죠. 일을 안 하고 가만히 있으면 뭘 먹고 또 물은 어디서 구하겠어요? 아이들이 내일 남은 코발트를 전부 씻으면 그걸 가지고 나가서 팔 거예요."

긴 하루 끝에 집에 온 아이들을 기다리는 건 눈 뜨면 또 다시 광산으로 가야 하는 현실이었다. 그날 처음이자 마지막 식사를 마친 카스는 마당 한편에서 나무토막을 만지작거리고 있었다. 그제야 잊고 있었던 아이의 나이가 생각났다. 용기를 내 열한 살짜리에게 물어볼 법한 질문을 꺼냈다.

"카스는 꿈이 뭐예요?"

그때까지 눈길 한 번 준 적 없는 아이가 고개를 들었다.

"저요?"

아이의 입가에는 옅은 웃음이 스몄다.

"정비사가 되고 싶어요."

"왜 정비사가 되고 싶은데요?"

수줍은 듯 즐거운 듯 처음으로 아이는 웃는 얼굴로 대답했다.

"자동차를 좋아하거든요."

"정비사가 되면 행복해질까요?"

"네."

대답은 짧았지만, 고개를 끄덕이며 나를 바라보는 아이의 목소리에는 전에 없던 확신이 느껴졌다. 대화에 흥미를 느꼈는지 아이는 이내 묻지도 않은 질문에 스스로 답했다.

"어른들이 코발트로 좋은 자동차를 만들 수 있다고 했어요."

"그렇군요. 자동차 말고 또 좋아하는 게 뭐가 있어요?"

"학교에 가는 걸 좋아했어요."

잠시 가벼워졌던 마음이 다시 푹 가라앉았다.

"코발트 광산에서 일한 지는 얼마나 됐어요?"

"아주 오래됐어요. 잘 기억이 안 나요."

'좋은' 자동차를 만들기 위해 아이는 어떤 삶을 살아내고 있는 것일까? 우리는 무엇을 뽑아 자동차를 충전하고 있는 것일까? 눈부신 기술 덕분에 종이, 전선처럼 눈에 보이는 물질을 하나 사용하지 않고도 해외 출연자와 연락을 하고 숙소를 예약한다며 손도 마음도 가벼워지는 순간, 그 공기처럼 매끄러운 연결이 그야말로 '쇳덩이'를 파내어 유지된다는 것을 상상하기란 쉽지 않다. 또한 기후 위기를 막기 위해 탄소 배출량을 적극적으로 줄여

모린의 신발

갈수록, 우리는 더 많은 금속을 땅에서 파내야 한다. 탄소 배출이 높은 화석 연료 기반의 경제에서 벗어나 모든 것을 '전기화'하려는 흐름 속에 세계는 석유통이 있던 자리에 배터리를 놓고 있기 때문이다. 콩고민주공화국의 코발트 생산량은 1995년에서 2020년 사이 연평균 20% 성장했다.[7]

2019년 노벨위원회는 '무선 시대를 열고, 화석 연료가 없는 친환경 미래 사회의 토대를 마련했다'며 리튬 이온 배터리를 개발한 세 명의 과학자에게 노벨 화학상을 수여했다.[8] 나는 그 '친환경 미래 사회'에 끼지 못한, 찬란한 기술 발전에도 삶이 한 발자국도 앞으로 나가지 못한 아이들을 만나러 이곳에 왔다. 그 어느 곳보다 오염된 이 땅에는 저 멀리 지속 가능한 세상의 저탄소 생활을 충전하기 위해 석기시대의 노동을 견디는 아이들이 있었다.

지난 세기 콩고 아이들은 타본 적도 없는 자동차 바퀴를 만들기 위해 고무를 채취했고, 할당량을 채우지 못하면 손이 잘렸

---

7   Andrew L. Gulley, 〈One hundred years of cobalt production in the Democratic Republic of the Congo〉, Resources Policy 79 (December 2022), 103007.

8   The Royal Swedish Academy of Sciences, 〈The Nobel Prize in Chemistry 2019: They created a rechargeable world〉, press release, October 9, 2019.

다. 이번 세기 콩고 아이들은 쥐어본 적도 없는 전자제품을 충전하기 위해 생명이 방전되도록 일하고 있다. 생각과 감정이 빠져나가 버린 아이들의 눈을 보면 우리가 무엇을 빼서 무엇을 충전하고 있는지 주머니 속의 기계가 끔찍하게 느껴지기도 했다. 이 손바닥만 한 물건을 계속 써야 한다면 그래도 아이들의 사정을 100명에게라도 알리는 데 쓰자는 생각으로 매일 마음을 다잡고 숙소를 나섰다.

구덩이로의 진급

‘중앙아프리카 구리벨트 Central African Copperbelt’에 위치한 콩고민주공화국의 남동부에는 세계 다른 모든 지역을 합한 것보다 더 많은 코발트가 매장되어 있다. 구리벨트는 콜웨지와 루붐바시 Lubumbashi를 거쳐 잠비아 북부까지 400km 넘게 이어지는 초대형 광물 지대로, 이름에서 알 수 있듯 처음에는 구리가 많아 유명해진 곳이다. 그런데 구리를 채굴하는 과정에서 이 지역 광석에 코발트의 함량도 매우 높다는 것이 발견되었다. 게다가 호주, 캐나다, 러시아의 매장지와 비교해 콩고민주공화국 구리벨트는 코발트 함유율이 최대 열 배 높아 땅을 깊이 팔 필요도 없었다.[9]

---

9 Murray W. Hitzman, Arthur A. Bookstrom, John F. Slack, and Michael L. Zientek,

굴삭기, 시추용 드릴, 불도저 없이도 손과 망치로 코발트를 캐낼 수 있다는 것은 사실 이 땅에 내린 축복이었다.

그러나 콩고민주공화국은 세계 10대 코발트 광산 중 여덟 개를 보유하고 있음에도 유엔 인간개발지수[HDI]에서 193개국 중 171위에 머물러 있다. 기대 수명은 세계 평균보다 약 15년 짧은 62세이며, 인구의 4분의 3은 하루 2달러 미만으로 살아가는 극빈곤층이다.[10]

광산의 아이들은 진학 대신 진급을 한다. 다섯 살짜리는 물통을 나르고, 열 살쯤 되면 흙을 씻어 코발트를 찾아내고, 열다섯 살 무렵에는 굴속으로 들어간다. 나는 번화가의 크록스 매장을 지나갈 때마다 그 아이들이 떠오른다. 휴양지 리조트에서 알록달록한 지비츠가 꽂힌 신발을 신고 물놀이하는 아이들의 웃음소리에도 문득 울적한 마음이 밀려온다. 쇼핑몰 매대에 가득 쌓

〈Cobalt-Styles of Deposits and the Search for Primary Deposits〉, Open-File Report 2017–1155, U.S. Geological Survey, Reston, VA, 2017.

10 UNDP, 〈Democratic Republic of the Congo〉, UNDP Data, accessed March 25, 2026, https://data.undp.org/countries-and-territories/COD. World Bank, 〈Enabling Entrepreneurship and Job Creation Through Social Protection in the Democratic Republic of Congo (DRC)〉, World Bank Feature Story, June 18, 2025.

인 플라스틱 신발들은 모린이 물가에 벗어놓았던 것과 무척 닮았다. 물놀이용 신발을 신고 발이 마를 새 없이 일하던 아이들이 눈에 밟힌다.

메삭도 그중 하나였다. 아이를 만난 곳은 모린과 카스가 일하던 호숫가에서 10분쯤 걸어야 하는 야트막한 언덕이었다. 그 언덕은 글렌코어가 지분을 보유한 산업 광산의 외벽, 껍데기라 할 만한 곳이었는데 거기서 한 무리의 사람들이 동굴을 파고 있었다. 같은 비공식 광산이라 해도 이곳에는 보이지 않는 또 하나의 경계가 있는 듯했다. 동굴 앞에는 회색 유니폼에 소총을 메고 자신을 '경찰'이라 소개하는 이들이 드나드는 사람들을 관리하고 있었다.

"안녕하세요. 여기 일하는 사람들은 산업 광산 직원인가요?"

"아니요. 그냥 장인 광부들입니다."

"그런데 산업 광산은 외벽을 파는 걸 왜 허락하나요?"

"어차피 저기서 사들일 코발트니까요. 그리고 아무래도 사람 손이 최고죠. 저런 나지막한 산은 굴삭기보다 인간을 쓰는 게 나아요. 기계보다 저렴하고요. 손으로 광석만 잘 골라서 파내고 씻으면 순도가 얼마나 좋은데요."

터무니없다 생각했던 '장인 광산'이란 명칭에는 세상의 이치가 반쯤은 담겨있었다. 첨단 IT 산업을 위한 전략 광물인 코발트를 효율적으로 공급받기 위해 세상은 어린 장인들의 손을 비틀어야 했다. 대화를 나누는 사이 총을 멘 사람들이 두세 명 더 다가왔다. 우리는 취재 비자와 정부 촬영 허가서를 꺼냈다. 그들 중 하나가 문서를 유심히 살피던 그때, 군복 상의를 입고 권총을 든 사람이 소리를 지르며 달려와 통역가의 얼굴을 거칠게 밀었다. 흥분한 그는 총을 든 손을 휘저으며 우리에게 욕설을 내뱉었다. 외국인을 구경하러 모였던 몇몇 광부들이 순식간에 흩어졌고, 우리는 그를 진정시키기 위해 말 그대로 두 손을 든 채 물러나야 했다. 30분을 걸어 광산 밖으로 나온 촬영감독과 나는 차로 들어가 문을 잠갔다. 그사이 통역가와 운전기사는 이리저리 전화를 돌리느라 분주했다. 콩고민주공화국에서의 2주는 늘 그런 식이었다. 본 것의 10%도 촬영하지 못했다. 일과의 대부분은 찍는 시간보다 대기하는 시간이었고, 통역가는 통역보다 희미한 인맥의 끈을 찾고 뇌물의 액수를 흥정하는 일이 훨씬 많았다. 운전기사의 주요 임무는 우리를 성난 사람들에게서 잠시 숨겨두었다가 어떤 무리가 차창을 두드리면 재빨리 그곳을 벗어나기 위해 늘 백미러를 살피는 것이었다. 그래도 그날은 운이 퍽 좋았다. 운전기사 에리체가 암시장에서 일하는 친구와 연락이 닿았고, 그가 군복 재킷을 입은 남자와의 거래를 터주었다. 차에서 두 시간쯤 '자숙'했을까. 우리는 200달러를 내고 현장 관리인을 대동한 채 단 한 명과 이야기할 수 있는 10분을 얻었다.

그때 알록달록한 물놀이용 샌들을 신은 발이 눈에 들어왔다. 아직 조그마한 손과 발, 동그란 머리와 수염 자국 하나 없는 얼굴의 아이. 제 키만 한 쇠꼬챙이를 든 아이는 깊이가 5m쯤 되는 구덩이 안에서 코발트가 섞인 광석을 캐고 있었다. 온통 누런 벽에서 검은색이 보이면 그 부분만 쇠꼬챙이로 깎아내는 작업이었다. 메삭은 네 명의 어른들과 한 팀을 이뤄 일했다. 여기서 일한다는 것은 광석을 부술 힘이 있다는 것을 의미했다.

"빨간 옷을 입은 저 아이는 몇 살인가요?"

"스무 살입니다."

관리인의 목소리는 단호했다. 쫓겨나지 않으려면 정신을 바짝 차려야 했다. 이곳의 정책은 '아동 노동 금지'가 아닌 '아동 노동 촬영 금지', 나는 최대한 표정을 부드럽게 하고 그의 말에 맞

장구를 쳤다.

"스무 살이면 결혼도 했겠네요. 돈을 열심히 벌어야 할 때죠."

성실한 청년에게 좋은 코발트를 캐는 비결을 물어보고 싶다며 현장 관리인에게 100달러를 건네니 그는 돈을 챙겨서 물러났다. 그러고는 저만치 떨어진 동굴의 입구에 걸터앉아 담배를 입에 물었다. 코발트 찾는 법을 알려주던 아이는 갑자기 화제를 바꿨다.

"저는 눈이 잘 안 보여요."

그제야 아이 머리에 얹어진 안경이 보였다. 중고 시장에서 샀

메삭

다는 조악한 플라스틱 안경에는 먼지가 뿌옇게 내려앉아 있었다. 어쨌거나 광산에서 안경을 낀 아이를 본 것은 처음이었다.

"언제부턴가 오른쪽 눈이 아프더니 안 보여요. 통증을 조금이라도 줄여보려고 안경을 써요. 별 도움은 안 되지만요."

"병원에는 가봤어요?"

"아니요. 눈이 너무 아파도 어쩔 수 없어요. 집에 가서 물로 씻는 수밖에요. 어차피 내일 또 광산으로 돌아와야 해요. 그게 제 일상이에요."

"그런데 이 팀에는 어떻게 들어오게 된 거예요?"

"군인이 오라고 했어요."

"군인이요?"

"광산 근처에 돌아다니면서 저만 한 아이들을 모집하는 군인이 있어요. 땅을 파는 일은 아무나 못하거든요. 먹고살 돈이 없어서 여기 오겠다고 했어요. 저는 일요일만 빼고 매일 여기서 일해요. 너무 힘들어요."

어릴 적 어머니를 잃은 메삭은 광부인 아버지가 병들어 일을 못 하게 되자 그 자신이 광부가 되었다. 아이는 남의 이야기를 하듯 덤덤하게 사람들의 얼굴을 점점 구분하기 어려워진다고 했다. 하지만 눈앞의 바위 색은 명확히 구분해 냈다. 돌덩이에서 코발트를 깎아내려면 그래야만 했다.

선진국에서 석유 없는, 전선 없는 기적을 행하고 있는 코발트는 이곳에서 물, 공기로 퍼져 나가는 독극물이 되어 자연과 사람을 병들게 한다. 내가 만난 모든 장인 광부들은 '코발트 폐^{Cobalt lung}'라 불리는 호흡 곤란을 앓고 있었다. 더 심각한 것은 높은 방사능 수치다. 이는 아이들이 캐고 있는 광석에 코발트 외에도 우라늄, 망간, 니켈, 비소 등이 섞여있기 때문이다. 이와 같은 혼합물에 노출되면 각 금속의 독성이 서로 증폭되고 인체의 해독 능력은 저하되어 피해는 훨씬 커진다.

그래도 메삭의 팀은 운이 따르면 하루에 20달러어치의 코발트를 캐기도 했다. 그들이 채굴한 광석에 코발트가 많아 좋은 값을 받으면 그 정도였다. 그러나 광산 입구의 암시장에 코발트를 팔 때는 '경찰'이라는 관리인을 통해야 했고, 그에게 '수수료'를 내고 남은 돈에서 팀의 막내인 메삭에게 떨어지는 몫은 운이 좋은 날도 3달러를 넘기지 못했다. 물론 코발트를 못 찾으면 빈손으로 집에 가야 하는 날도 있었다. 그래도 하루에 1달러를 겨우 버는 모린과 카스에 비하면 그건 꽤 괜찮은 삶이었다. 한쪽 눈이 멀어버린 메삭은 그 광산의 꼬마들이 꿈꿀 수 있는 썩 괜찮은 미래였던 셈이다. 메삭 역시 어릴 적 아버지를 따라온 광산에서 코발트 씻는 일을 했다. 헤어지기 전 아이는 목소리를 낮춰 진짜 나이를 말해줬다. 메삭은 4년 뒤 카스가 꿈꿀 법한 미래였다.

스마트폰을 충전하다 깔려 죽었습니다

아프리카에서 두 번째로 큰 나라인 콩고민주공화국은 푸르고 드넓은 곳이다. 유럽인들이 바다인 줄 알았다는 콩고강^{Congo River}이 4천km가 넘는 장대한 물길로 땅을 적시고, 그 강을 품은 열대우림은 아마존과 더불어 세계의 허파로 불린다. 콩고민주공화국은 과거 원자재 시장을 뜨겁게 달구었던 상아, 고무, 목재의 원산지이기도 했다. 지난 세기에는 전 세계를 밝힐 전선을 만들기 위해 콩고의 구리가 채굴되었고, 2차 세계대전 당시 히로시마와 나가사키에 투하된 원자폭탄에는 콩고의 우라늄이 들어갔다. 언제나 풍요로웠던 이곳은 그래서 여전히 착취와 고통에 시달리고 있다.

카술로 마을

콜웨지의 북쪽, 카술로^{Kasulo}는 거대한 개미굴과 같은 곳이다. 드론을 띄워 보니 띄엄띄엄 있는 네모난 슬레이트 지붕 사이로 셀 수 없이 많은 검은 구멍이 보였다. 구멍 하나하나는 땅굴이자 곧 광산이었다. 그 아래 묻혀있을 검푸른 광물을 떠올리니, 순간 구멍들이 전부 충전 단자처럼 보였다. 구멍 아래 누가 있든, 무얼 하든 우리는 충전 케이블을 꽂아 필요한 것을 빨아들이면 그만이다. 카술로와 서울의 시차는 일곱 시간, 서울에서 내가 스마트폰을 충전기에 연결해 둔 채 잠든 밤에 그걸 충전하는 카술로의 낮이 있었다. 아침 알람 소리에 깨어 하릴없이 스마트폰을 만질 때, 이걸 충전되게 하려다 깔려 죽는 사람이 있다는 걸 누가 상상이나 했을까?

시작은 2014년, 한 주민이 뒤뜰에 화장실을 만들 구덩이를 파다가 우연히 광석을 발견한 날로 거슬러 올라간다. 곧 그 광석의 코발트 함유율이 세계 최고 수준이라는 소문이 났고, 순식간에 마을 곳곳에는 수천 개의 구멍이 뚫렸다. 처음에는 주민들이 삽으로, 조금 지나자 광산업자들이 들어와 하나둘씩 수직 땅굴을 파기 시작한 것이다. 얼마 못 가 CDM^{Congo Dongfang International}

Mining이 주 정부에게 이곳의 코발트 독점 거래권을 사들였고, 500여 가구가 살던 마을은 그날로 광산이 되었다. 주민들을 위한 세심한 협상이나 이주 대책은 없었다. 사람들 대부분은 생존을 위해 위태로운 마을 귀퉁이에 남아 광부가 되기를 택했다. 내 집 아래서 금광이 발견된다 한들 삶은 나아지지 않았다. 만약 그게 세상의 법칙이라면, 콩고민주공화국은 이미 100년 전에 가장 부유한 곳이 되었을 것이다.

가정집 뒤뜰 바닥에 주황색 방수포가 덮인 네모난 구멍은 어릴 적 할머니 댁에서 본 재래식 화장실과 닮아있었다. 바수, 존, 파스칼은 그 아래 25m 깊이의 지하로 출근했다. 열넷, 열다섯

가정집 뒤뜰에 있는 광산

살인 셋은 망치와 꼬챙이를 쥔 채 맨발로 길을 나섰다. 지하로 뻗은 수직 땅굴의 너비는 소년들이 다리를 양쪽으로 뻗으면 닿을 수 있는 딱 그만큼이었다. 아이들은 조악한 헤드라이트를 머리에 쓴 채 양팔, 양다리로 땅굴의 흙벽 내부를 짚으며 거미 같은 자세로 캄캄한 지하로 들어갔다. 땅굴의 밖에서 바닥까지 늘어뜨린 밧줄 하나는 코발트 자루를 끌어올릴 운반 도구일 뿐, 소년들의 몸 어디에도 안전장치 같은 것은 없었다. 그곳에는 눈 가리고 아웅 하는 식의 규정조차 존재하지 않았다. 발을 헛디디면 그대로 추락이었다.

"다들 좋은 아침!"

"형, 안녕하세요."

햇볕 한 줌 들지 않는 곳에서 아이들은 하루를 시작했다. 아이들이 도착한 땅굴 바닥은 어질러진 작업장 같았는데, 허리를 굽힌 채 걸어야 하고 그마저도 아이 셋, 어른 넷이 앉으면 꽉 차는 좁은 공간이었다. 무질서하게 깨진 동굴 벽은 군데군데 검은 빛이 뚜렷했다. 코발트였다. 이 정도 깊이면 지표면보다 순도가 다섯 배는 높은 코발트 광석을 얻을 수 있었다. 빛과 산소가 희박한 동굴을 기어 다니며 아이들은 꼬챙이로 벽을 깨서 코발트

땅굴로 내려가는 길

지하 25m 아이들의 일터

를 뜯어냈다. 벽 아래 틈이 벌어진 공간에는 자루들이 차곡차곡 쌓여갔고, 아이들은 저마다 발치의 자루를 채우는 데 열중하고 있었다.

"보이죠? 우리에게 음식을 주는 게 바로 이거예요."

파스칼이 주먹만 한 코발트 덩이를 꺼내 보이며 자랑스레 말했다. 모린과 카스가 씻던 반짝이는 돌멩이와는 차원이 다른 두툼하고 검푸른 '원석'이었다.

"여기 있는 코발트를 다 캐고 나면 어디로 가나요? 올라가서 또 다른 구멍을 파나요?"

"아니죠. 여기 이 바닥에서 벽을 깨면서 굴을 계속 넓혀갈 거예요."

캡 모자를 뒤로 쓴 바수가 빙긋 웃으며 몸을 일으키더니 작업 공간의 한쪽 벽으로 향했다. 바수는 배가 거의 땅에 닿을 듯 엎드린 채 네 발로 기어 바닥의 검은 틈으로 들어갔다. 아이가 발을 디딘 곳마다 쏴아아 하고 흙이 흘러내리는 소리가 났다. 그곳은 한마디로 미개척지였다. 땅에서 수직으로 파 내려온 25m, 반짝이는 광맥이 발견된 거기서부터 아이들은 지표면과 수평으로 사실상 무한대의 터널을 파고 있었다. 코발트가 무너져 길을 막

아버릴 때까지 아이들은 멈추지 않을 것이다. 터널을 파는 행위는 곧 코발트 채굴이기도 했다. 바수는 쪼그리고 앉아 머리 위의 암벽을 계속 깨부쉈다. 내 몸을 둘러싼 공간을 무너뜨려야 그날 살아갈 돈을 벌 수 있었다.

발밑 25m 아래에서 문어발처럼 뻗어 나간 터널들을 보며 나는 사무실 책상을 떠올렸다. 그 공간은 마치 책상에 놓인 주사위 모양의 멀티탭 같았다. 다른 게 있다면 폭발할 때까지 무한대로 콘센트가 증식된다는 점이었다. 그 속에서 아이들의 운명은 러시안 룰렛과 다를 게 없었다. 그래도 살아남기만 하면 한 달에 150달러를 벌 수도 있는 곳이 바로 카술로의 지하였다. 광석을 씻는 아이들이 버는 하루 1달러를 생각하면, 엄청난 돈이었다.

벽 전체를 다 파낼 것이라 말하는 바수의 얼굴에는 수확을 앞둔 농부처럼 자랑스러움이 깃들어 있었다. 활짝 웃는 바수를 보며 사진으로 본 또래 아이들이 생각났다. 한쪽 다리의 무릎 아래가 없는 아이, 탁자 위에 눕혀진 채 고개를 돌린 아이, 사진 한 장 없이 '유족'만 남긴 채 떠난 아이. 코발트 광산에서 죽은 아이들은 모두 바수와 같은 일을 했다.

"빨리 올라가자. 빨리!"

수직 터널 바닥에서 코발트를 담던 남자가 아이들을 향해 소리를 질렀다. 가만히 앉아있었지만 그의 숨소리는 점점 가빠지고 있었다.

"이 벽은 끝내야죠."

바수는 그럴 생각이 없었다.

"더 파고 들어가면 물이 들어찰 거야. 그럼 다 죽는다. 빨리 올라가자. 이상하게 오늘은 너무 추워."

어느 터널이 언제 무너질지 땅굴 속 누구도 알지 못했다. 셰일Shale과 실트스톤Siltstone으로 이루어진 부드러운 퇴적암 지대는 애초에 부서지기 쉬운 상태였다. 카술로에서 땅굴의 붕괴는 우연이 아닌 필연이었다. 그것이 오늘일지 내일일지, 내 머리 위일지 친구 머리 위일지만 알 수 없을 뿐. 마을에서 붕괴 사고는 매달 일어났다. 죽음을 불운이라 하기에 그곳에서는 살아남는 것이 요행이었다.

"열심히 일해서 텔레비전을 사면 네가 나오는 이 방송을 볼 수 있을 거야."

액션캠을 가슴에 다는 대가로 우리에게 150달러를 받은 남자가 아이들을 격려하듯 말했다. 옳고 그름이 무엇이든, 그의 말이 현실이 되길 응원하는 수밖에. 그저 아이들이 다치지 않고, 살아서 어른이 되어 광산을 떠날 수 있길 바랄 뿐이었다. 또 다른 땅굴도 보여줄 수 있냐는 우리의 질문에 남자는 대답했다.

"죽을 위험을 더는 감수하고 싶지 않네요."

카술로 암시장

카술로를 떠나는 길, 마을 입구의 창고형 암시장^{Comptoir}을 잠시 엿볼 수 있었다. '암시장'이라는 이름이 무색하게 지붕 아래 사방이 뻥 뚫린 건물은 자루를 든 사람들로 북적였다. 벽에는 손

글씨로 코발트의 순도별 '시가'가 적혀있었다. 광석의 코발트 함유율에 따라 0.7%부터 5%까지 가격은 20배가 차이 났다. 물론 시가와 순도가 어떻든 아이들은 주는 대로 받아야 했다.

돈이 오가는 입구에서 좀 더 들어가 보니, 자루에서 꺼낸 광석을 해머스톤으로 부숴 가루로 만드는 남자들이 보였다. 마침내 암시장의 가장 안쪽, 철망으로 보호된 공간에는 아무 말도 하지 않고, 아무것도 촬영하지 못하게 하는 중국인 관리자가 있었다. 세계 최대 코발트 생산국 콩고민주공화국과 세계 최대 코발트 정제국이자 배터리 생산국인 중국을 잇는 다리가 바로 여기였다. 코발트의 출처를 묻지 않는 이 암시장에서 아이가 캔 코발트와 어른이 캔 코발트는 뒤섞였다. 그리고 너무도 손쉽게 '아동 노동'이라는 꼬리표를 떼어낸 채 대형 광산이나 가공 시설을 거쳐 이 나라를 떠났다.

코발트 광석을 부수는 남자들

숙소에 돌아와 휴지로 스마트폰을 꼼꼼히 닦았다. 금세 말끔해진 액정을 보니 기분이 이상했다. 코발트를 비롯해 60여 종의 광물이 든 기계는 한 톨의 가루도 날리지 않고 집에서 1만km 떨어진 곳까지 나를 따라왔다. 인스타그램으로 찾은 콩고민주공화국의 통역가에게 메시지를 보내고, 페이팔로 송금을 하고, 생전 처음 듣는 도시에서 서로를 알아보고 껴안기까지 이 모든 일을 해내고도 한 줌의 생색도 내지 않았다. 그것이 내는 소음을, 연기를 모르고 살던 나는 꽤나 긴 시간을 거슬러 떠나온 기분이 들었다. 맨손으로 돌을 깨는 아이들이 코발트를 생산하는, 그러다 깔려 죽는, 아주 먼 과거여야 마땅한 시대를 나는 엿보고 있었다. 코발트가 무엇이고 어떻게 우리에게 오는지 절대 알 필요도, 아이들에게 가르쳐 줄 이유도 하나 없는 아름다운 세상에서 나는 왔다. 두 세상 사이에는 일곱 시간이 있을 뿐이었다.

2장.
마을

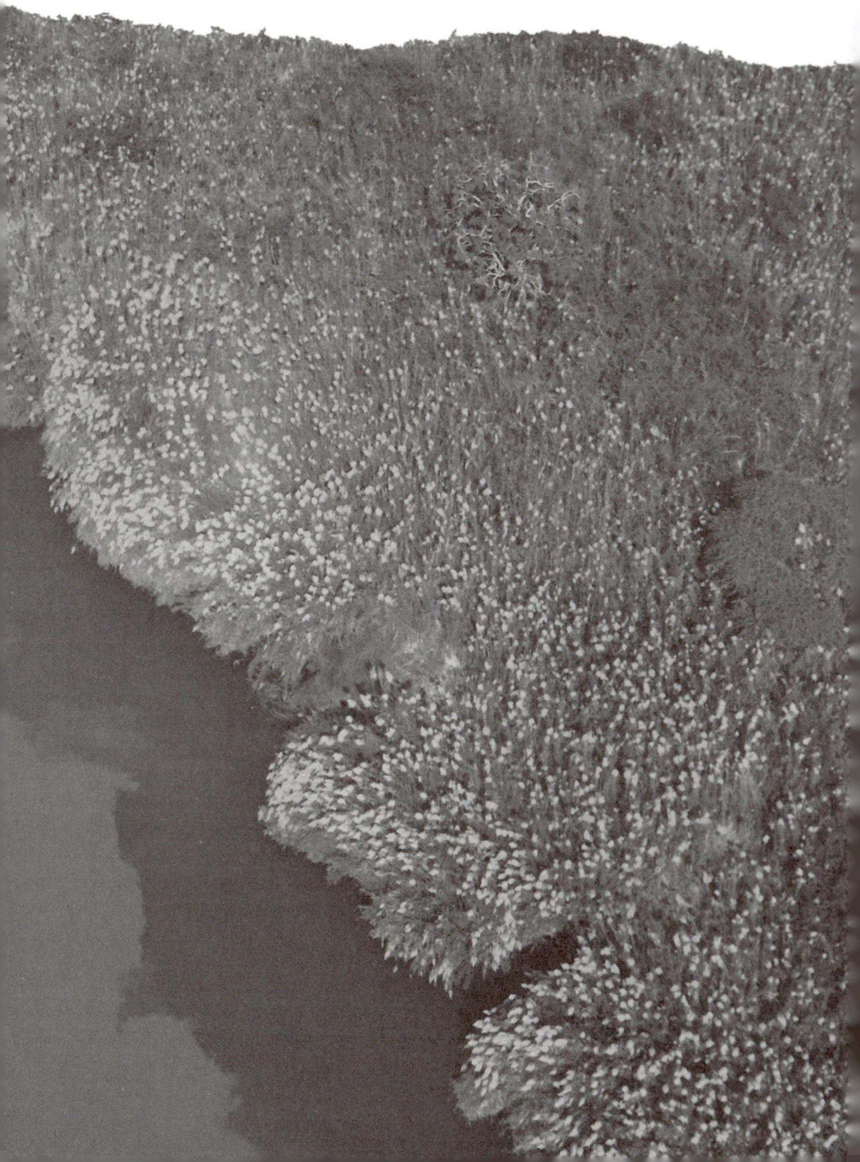

우주에서
태어난 아기

붉은 커튼이 쳐진 집이 보였다. 시내 호텔에서 경비원으로 일하는 셍가의 집이었다. 따사로운 일요일 오후, 집 앞은 적막했다. 전화를 걸자 커튼 사이로 표정 없는 여자의 얼굴이 나타났다. 셍가의 아내는 집 앞에 아무도 없는 것을 확인한 뒤 우리를 안으로 안내했다.

노란 제리캔이 다닥다닥 놓여있는 문가를 지나 회색 가림막을 젖히니 어두운 방 한가운데 아기가 가만히, 또 고요히 누워있었다. 셍가, 르제티 부부의 막내아들 이롱가였다. 르제티는 이롱가를 조심스레 이불로 감싸서 품에 안았다. 그러나 16개월이 된 아기는 두 팔을 앞으로 가끔 뻗어볼 뿐 엄마를 바라보지도, 소리

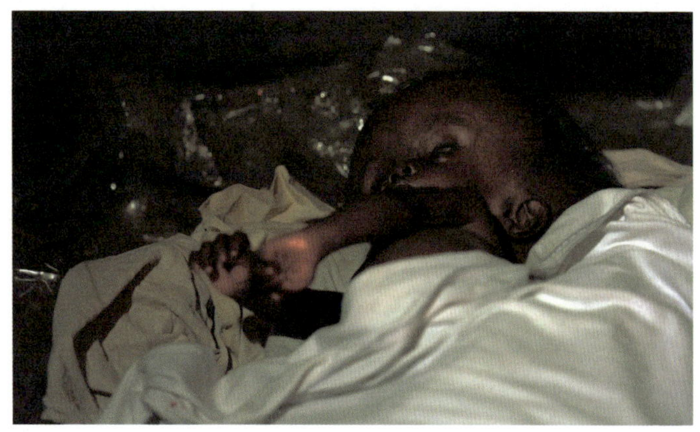

이롱가

내어 울거나 웃지도 않았다. 이롱가의 머리는 작은 어깨를 넘어 어른의 머리보다 더 크게 부풀어 있었다. 아기는 눈을 뜨고 있었지만 앞을 보지는 못했다.

르제티는 3년, 셍가는 광산에서 10년 넘게 일했다. 두 사람의 눈은 광산 노동자들이 흔히 그렇듯 붉게 충혈되어 있었다. 르제티는 광산에서 일하는 동안 온몸이 아팠지만, 다행히도 이롱가를 3kg의 몸무게로 건강하게 낳았다. 그러나 날이 갈수록 아기의 몸은 점점 가늘어지고, 머리만 부풀어 오르기 시작했다.

목을 가눌 수 없어 앉지도 못하는 이롱가는 종일 누워서 지냈다. 어느덧 머리는 품에 안기 힘들 만큼 부풀어 올랐다. 부부는 루붐바시에 있는 대학병원까지 갔지만, 아기를 치료할 방법은 없었다. 셍가의 월급 15만 프랑(약 65달러)은 이 병원, 저 병원을 다니는 동안 금세 바닥났다. 아픈 아기에게 젖을 물릴수록 머리는 점점 더 커지고, 몸은 점점 더 말라가는 것을 르제티는 지켜만 봐야 했다.

"가끔은 신에게 제가 무얼 잘못했냐고 물어봅니다. 아이를 잃을까 봐 너무 두렵고 슬픕니다."

그것은 부부에게 내린 이상한 불운이 아니었다. 코발트로 공기, 흙, 물이 오염된 마을에 닥친 당연한 불행이었다. 마을 우물에서는 광산에서 멀리 떨어진 마을의 열두 배가 넘는 코발트가 검출되었다. 주민들의 소변 내 코발트 농도는 이웃 마을의 마흔 배에 달했고, 산모의 혈액과 태아의 태반 조직에서도 고농도의 코발트가 발견되었다.[11] 지역 보건학자들의 연구에 따르면, 아버지가 광산에서 일하는 아이는 선천성 기형을 갖고 태어날 위험

---

11 Karlien Cheyns et al., 〈Pathways of human exposure to cobalt in Katanga, a mining area of the D.R. Congo〉, Science of The Total Environment 490 (August 15, 2014): 313–321.

이 약 다섯 배 높았다.[12] 실제로 콜웨지 인근의 광산 마을에서 선천성 기형을 가진 아이를 찾는 것은 어렵지 않았다. '머리가 부푼 아이'를 혹시 보았냐고 물어보면 사람들은 저마다 여러 집을 알려줬고, 그중 이롱가의 집이 가까웠을 뿐이다.

"혹시 광산에서 나온 물질이 이 지역을 오염시킨다는 얘기를 들어본 적 있나요?"

"아니요. 없습니다."

"광산과 아기의 건강이 관련 있다고 생각하시나요?"

"그런 것은 잘 모릅니다."

부부의 집을 나선 우리는 이롱가가 진료받은 대학병원으로 향했다. 안뜰에 들어서자 드레스를 입은 곱슬머리 여성이 두 손으로 아기를 높이 들어 올리는 새하얀 조각상이 보였다. 우리는 이곳에서 세바스찬 무산자이Sébastien Musanzayi 교수와 토니 카엠베Tony Kayembe 박사를 만났다.

"코발트의 발견은 이 지역 아이들에게 환경 재앙입니다. 원자

---

12 Daan Van Brusselen et al., 〈Metal mining and birth defects: a case-control study in Lubumbashi, Democratic Republic of the Congo〉, The Lancet Planetary Health 4 (April 2020): e158–e167.

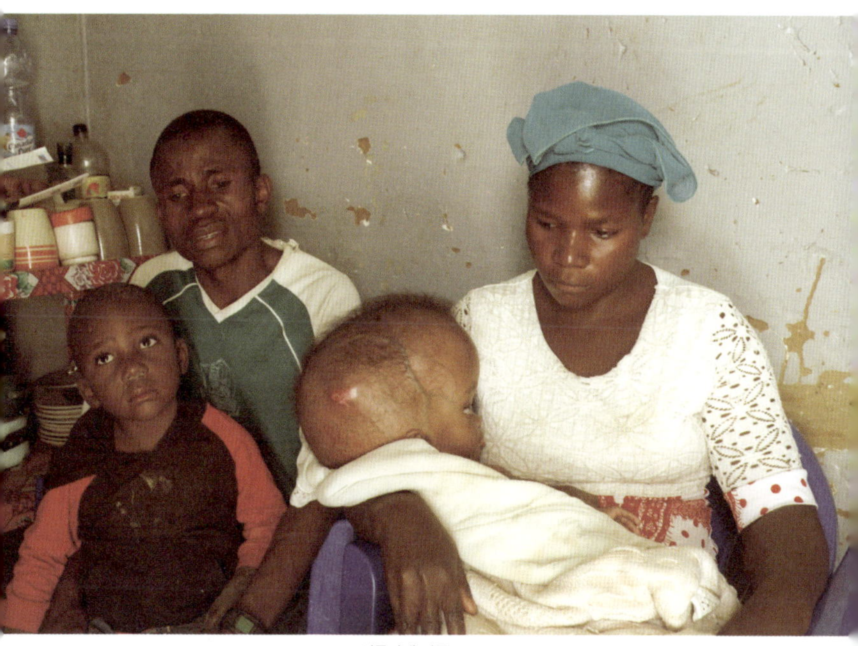

이롱가네 가족

폭탄 투하나 방사능 누출 사고 외에 이러한 기형 발생률을 비교
할 만한 사례는 없습니다."

소아과, 구강악안면외과 전문의인 세바스찬 교수는 코발트
광산의 보건 문제를 다룬 여러 논문에서 가장 자주 마주치는 이
름이었다. 그는 10여 년째 코발트 광산과 선천성 기형에 대한 연
구를 해오고 있었다. 그의 작업은 프로그램을 만드는 것과는 일
의 순서가 판이하게 달랐는데, 대부분의 경우 나는 주제 또는 적
어도 문제를 정한 다음 적합한 사례자를 찾아서 취재를 완성해
나갔기 때문이다. 세바스찬 교수는 그 반대였다. 루붐바시에서
소아과 의사로 근무하고 있었더니, 선천성 기형을 가진 아이들
이 계속해서 그를 찾아왔다. 기형의 종류도 다양했다. 아이들은
뇌류Encephalocele, 척추 이분증Spina bifida, 구순구개열Cleft lip and palate
등 안면, 심장, 사지에 복합적 기형을 가지고 태어났다. 요즘 세
바스찬 교수에게 찾아오는 신규 선천성 기형 환자는 1주일에 두
명꼴로, 그는 채굴이 늘어남과 동시에 기형 아동도 증가하는 것
을 체감하고 있었다.

"환자를 상담하면서 선천성 기형을 가진 아이들의 상당수가
광산 마을 출신이라는 것을 알게 되었습니다. 그래서 코발트 광

산에서 멀리 떨어진 마을과 그렇지 않은 마을을 비교하는 연구를 시작하게 됐죠. 연구 결과 광산 마을 주민들의 혈액과 소변에서는 비교군보다 적게는 몇 배, 많게는 수십 배의 코발트, 구리, 카드뮴, 납 등이 검출되었습니다.”

기형을 갖고 태어난 신생아들은 비장애 신생아들에 비해 혈중 금속 농도가 현저히 높았다. 특히 전전뇌증Holoprosencephaly과 같은 심각한 기형을 가진 아기들의 경우 코발트, 우라늄, 비소의 농도가 매우 높게 나타났다. 구리벨트 광산에서 사람들이 깨부수고 있는 것은 코발트, 구리, 망간, 우라늄, 비소 등이 섞인 퇴적암층이었기에 피해는 코발트 노출에 국한되지 않았다. 세바스찬 교수와 함께 코발트 광산의 환경 영향을 연구해 온 토니 카엠베 박사는 아이들이 이 위험을 피하기란 불가능하다고 말했다.

“이 지역 사람들은 코발트 가루를 먹고, 그 먼지 속에서 숨을 쉬며 살아갑니다. 돈을 벌기 위해서, 가족을 먹여 살리기 위해서죠. 생계가 달렸기 때문에 이들을 멈추기는 어려워요. 코발트를 사용하는 국제 사회가 이곳의 사정을 알아야 합니다. 여기서 맨손으로 땅을 파는 광부들은 하루에 1달러, 많아야 5달러 정도를 법니다. 나라 밖에서는 그 코발트가 1천 배는 더 비싼 값에 거래되죠. 이 상황을 조금만 더 정의로운 방향으로 바꿀 수는 없을까요? 여기 있는 사람들도 코발트로부터 조금 더 이익을 얻을 수는 없을까요? 조금 더 안전한 환경에서 말이죠."

결혼식에 다녀오는 길이라며 새파란 정장 차림으로 나타난 토니 박사는 열정적인 젊은 의사였다. 그와의 대화는 으레 연구실에서의 인터뷰가 그렇듯 데이터 분석을 바탕으로 감정과 가치 판단을 배제한 채 확대 해석의 한계를 명확히 긋는, 대안이나 전망에 대해서는 언급을 삼가는 질의응답이 아니었다. 광산 지대에 사는 의사이자 독성학을 전공한 환경보건학자로서 어른 아이 할 것 없이 환자들을 만나온 그의 시선은 진료실 밖을 향해있었다.

"친환경 에너지는 원천에서부터 친환경이어야 합니다. 코발트의 원천은 콩고민주공화국이죠. 지속 가능성 산업이 여기서 시작된다는 건데, 이곳의 삶이 지속 가능해 보이세요? 우물, 토양, 인간의 혈액과 소변, 태반까지 모든 곳이 오염되었습니다. 코발트 채굴이 여기에 남긴 유산은 오염입니다."

사실 이건 콩고민주공화국에서 처음 일어난 비극이 아니다. 일찍이 미국에도 코발트 광산이 있었다. 1949년 아이다호^{Idaho}

의 '블랙버드Blackbird' 광산에서 코발트 채굴이 시작되자, 하천이 검푸르게 변하고 물고기는 떼죽음을 당했다. 지역 환경이 급속도로 황폐해지고 수익률마저 기대에 미치지 못해 광산은 1982년 문을 닫았다. 그러나 한 번 오염된 지역을 정화하는 데는 광산을 운영한 만큼의 긴 시간이 걸렸고, 들어간 비용은 1억 달러를 넘겼다.[13] 미국 환경보호청EPA은 이 광산을 국가 우선순위 목록National Priorities List 즉 미국에서 가장 오염된 곳으로 지정하기에 이르렀다.[14] 수십 년간 코발트는 '있어도 채굴하면 안 될 물질'로 여겨진 것이다.

바다에도 코발트는 있다. 멕시코와 하와이 사이 450만km^{2}에 이르는 클라리온-클리퍼턴Clarion-Clipperton 해역의 심해에서 코발트, 니켈, 구리, 망간이 풍부한 '다금속 단괴Polymetallic nodules'가 발견된 것이다. 미국 지질조사국USGS은 지구 전체 육지에 매장된 것보다 더 많은 양의 코발트가 이 해저에 매장되어 있다고 추정한다.[15] 그러나 그곳에는 광물뿐만 아니라 아직 연구조차 되지

---

13 Michael Holtz, 〈Idaho Is Sitting on One of the Most Important Elements on Earth〉, The Atlantic, January 24, 2022.

14 U.S. Environmental Protection Agency, 〈Superfund Site: Blackbird Mine, Lemhi County, ID〉, accessed March 26, 2026, https://cumulis.epa.gov/supercpad/cursites/csitinfo.cfm?id=1000256.

15 James R. Hein and Kira Mizell, 〈Deep-ocean polymetallic nodules and cobalt-rich ferromanganese crusts in the global ocean: New sources for critical metals〉, in The United Nations Convention on the Law of the Sea, Part XI Regime and the

않은 5천여 종의 생물도 살고 있다.[16] 여기서 코발트를 얻으려면 수심 5km의 캄캄한 심해에 거대한 채굴 장비를 넣어 조명을 쏘고 강력한 수압으로 침전물을 파쇄한 뒤, 엄청난 진동을 일으키며 광석을 진공 흡입기로 빨아들여야 한다. 이는 해저 생물의 서식지 파괴와 생태계 교란, 금속 오염 물질과 방사능의 확산, 바다에 저장된 막대한 양의 탄소 방출과 같은 위험을 수반한다. 그러한 이유로 대부분의 유럽 국가와 기업들은 심해 채굴을 금지하고 있다. 결국 세계의 눈은 돌고 돌아 다시 콩고민주공화국을 향한다. 이보다 싸고, 편리한 곳은 없다. 그곳은 미국처럼 소송을 당하거나 정화 비용이 들지도 않을 것이며, 심해처럼 미지의 위험을 품고 있지도 않다. 누가 피해를 입는지는 눈에 뻔히 보이고, 수십 년간 그래도 세계에는 별일이 일어나지 않았다.

"우리는 모든 중공업과 오염 유발 산업을 우주로 옮겨야 합니다. 그리고 지구는 지금처럼 아름다운 보석 같은 행성으로

International Seabed Authority: A Twenty-Five Year Journey, chap. 8 (Leiden: Brill, 2022), 177–197.

16 Muriel Rabone et al., 〈How many metazoan species live in the world's largest mineral exploration region?〉, Current Biology 33, no. 12 (June 19, 2023): 2383–2396.

보존해야 합니다."[17]

2021년 아마존 창업자 제프 베이조스Jeff Bezos는 10분 남짓의 우주 로켓 여행에서 돌아왔다. 우주에서 바라보며 비로소 지구의 아름다움과 연약함, 소중함을 깨달았다는 그의 인터뷰는 감격에 차 있었다. 콜웨지에 오면, 제프 베이조스가 우주로 옮겨버려야 한다고 했던 '오염 유발 산업'이 어떤 것인지 똑똑히 볼 수 있다. 아름다운 보석 같은 행성에서 아이들은 오염된 물과 공기를 마시고 병든 농작물과 생선으로 하루를 버틴다. 이미 우리는 누구의 마음도 불편하지 않게 '오염 유발 산업'을 저 멀리 옮겨놓았다. 콜웨지에서 무슨 일이 일어나든 그 소식은 우주보다 더 멀다. 가난하고 위험하고 사람 살 곳이 못 되는 그곳의 사정은 어차피 뉴스에도, 여행 유튜브 채널에도 보이지 않으니 영영 모르고 살아도 그만이다. 아름다운 지구에서 우리는 하던 대로, 눈만 질끈 감으면 된다.

---

17 MSNBC, 〈Jeff and Mark Bezos speak to MSNBC after successful Blue Origin flight: 'It was a perfect mission'〉, MSNBC Reports, July 20, 2021.

감히
코발트를 밟고
산 죄

구리벨트의 동쪽 루붐바시에서 서쪽 콜웨지를 향해 가다 보면 또 다른 광산 도시인 리카시Likasi가 나타난다. 리카시 광산의 폐수는 판다Panda강으로 흐른다. 그리고 오염된 판다강과 남쪽 샤바Shaba 고원에서 흘러오는 루피라Lufira강, 그 두 갈래의 물이 하나로 모이는 곳에 카폴로웨Kapolowe 마을이 있다.

카폴로웨를 감싼 두 갈래의 물은 모여도 섞이지 않았다. 광산에서 흘러온 물은 짙은 흙색, 고원에서 흘러온 물은 맑은 푸른색을 유지한 채 2차선 도로처럼 나뉘어 흘렀다. 더 놀라운 것은 물길이 지나는 강가의 흙이었다. 드론을 띄워 보니 광산 폐수가 흐르는 쪽의 땅은 완전히 메말라 있었다. 빽빽한 녹색 풀들이 일렁

이는 건너편과 달리, 폐수에 닿은 땅은 벌거벗은 흙바닥이 그대로 드러났다.

"광물을 세척한 폐수가 흘러들면서 이 강의 물고기들을 끝장내 버렸습니다. 흙도 완전히 망가졌어요."

카폴로웨 마을 대표 오거스틴이 말했다. 어림잡아 서른 명이 넘는 주민들이 촬영 소식을 듣고 모인 터였다. 이제껏 광산에서 마주친 아이들은 관리자의 위협에 온 힘을 다해 도망쳤고, 출연료 10달러에 인터뷰를 하던 어른들도 고함 소리가 들리면 침묵을 지키는 편이 안전하다는 것을 알고 있었다. 그러나 광산 밖, 오염된 강가에 사는 사람들은 카메라를 든 우리를 반겼다. 그들은 코발트 광산이 주민들을 '학대'하고 있다고 말했다.

"물에서 나는 냄새 때문에 어쩔 때는 숨이 막힐 지경이에요. 술을 마시는 것도 아닌데 알코올이 들어간 것처럼 목과 눈이 따갑다니까요."

"어렸을 때는 이 강물을 마시고 수영도 했어요. 모든 게 다 좋았죠. 원래 강가에는 커다란 나무들이 있었어요. 그런데 폐수가 흘러들자 나무들마저 죽어버렸습니다. 보세요. 이런 곳에 나무가 살아남을 리 없죠."

카폴로웨 마을

땡볕 아래 낮은 관목과 지푸라기 몇 개만 남은 그곳은 사막과 다름없었다. '아프리카', '광산', '저개발국가'라 하면 으레 떠올리는 척박한 황무지. 먹을 것도, 마실 것도, 즐길 것도 하나 없는 메마르고 버림받은 땅. 그러나 기껏해야 너비가 5m밖에 되지 않는 강을 사이에 두고 저편에는 풍요로운 녹지가 펼쳐져 있었다. 그곳은 매일 아침 여의도로 출근하며 지나가는 샛강 생태공원과 그리 다르지 않았다. 그렇게 또 물 맑고 공기 좋은 마을 하나가 영 살지 못할 곳이 되어버렸다.

"예전에는 강에 물고기가 많아서 모두가 먹고도 내다 팔 수 있었어요. 이제는 저 물을 농사에 쓰면 곡식도 죽어버려요."

아이를 안고 나온 나키툴라의 걱정은 온통 '먹을 것'에 관한 것이었다.

"식수는 어떻게 구하세요?"

"예전에는 우물을 파서 물을 마셨죠. 그런데 점점 아픈 사람들이 늘어났어요."

우물이 닫힌 마을에는 물을 파는 노점이 들어섰다. 가게 앞에 줄을 선 아이들이 양손에 든 노란 제리캔은 어린 시절 교실 바닥을 닦으려고 기름을 담아둔 통과 비슷했다. 그래서 처음에는 석유를 파는 건가 했는데, 알고 보니 궁여지책으로 강물을 필터로 걸러서 파는 가게들이었다.

"여기 사는 우리 모두 더러운 물 때문에 고생은 충분히 했어요."

물 가게 주인은 담담하게 말했다.

"광산에서 일하는 사람들이 폭발물과 기계를 써가며 땅도 물도 망치고 있어요. 집과 도로도 전부 갈라졌고요. 광부들이 저기서 돈을 받는다 해도, 우리 물에 독을 푼 거나 마찬가지예요."

물을 파는 사람도, 사는 사람도 즐거운 이는 없었다.

"제리캔 한 통에 물을 담으려면 250프랑(약 10센트)을 내야 합니다. 하루에 열 통은 필요해요. 견딜 수가 없어요. 빨래도 해야 하는데 그 물을 다 어떻게 사요?"

스마트폰을 종일 만지고, 전기 차를 충전하는 우리의 삶에서는 보이지 않는 '코발트'가 이곳에서는 아주 선명히 보였다. 아이들의 다리를 으깨버린 돌덩이는 흙먼지가 되어, 흙탕물이 되어 사람들의 몸에 달라붙었다.

"다들 모여. 이리 가까이 와."

"거기 어린이들, 빨리 뛰어와! 전부 카메라 앞에 와서 서렴."

카폴로웨가 우리를 반긴 단 하나의 마을은 아니었다. 콜웨지 외곽의 차불라^{Tshabula}에서는 카메라 앵글에 아이들 수십 명을 한 번에 담는 호사를 누렸다. 어른들은 저마다 집에서 아이들을 데리고 나와 우리 앞에 쭉 세웠다. 다행히 울거나 아픈 아이는 보이지 않았다. 누군가 박수를 치며 노래를 부르기 시작하자, 쭈뼛거리던 아이들은 이내 웃으며 춤을 췄다. 제법 갖춰진 동선에 팔을 함께 올렸다 내리는 동작을 보니 그냥 마음대로 추는 춤은 아니었다.

"우와, 이 춤은 누가 가르쳐 준 거예요?"

"선생님이요."

그때 화려한 오렌지색 파뉴와 두건을 갖춰 입은 중년 여성이 나섰다.

"이 아이들은 전부 학생입니다. 우리 마을에는 학교 안 가는 아이가 하나도 없어요."

자신을 '이콜로의 할머니'로 소개한 여성은 부끄러운 듯 뒤로 숨는 꼬마의 어깨를 감싸며 자랑스레 말했다. 밤톨만 한 머리가 할머니의 허리까지 오는 남자아이는 호기심 어린 눈빛으로 카메라를 쳐다봤다. 그래도 혼나지 않는 곳이 차불라였다. 그런데

300여 가구가 사는 소담한 마을은 철거를 앞두고 있었다.

"보세요. 이 아이들은 학교에 갈 수 없습니다. 나는 여기서 태어났고 자식을 낳아 이제는 할머니가 되었어요. 이곳을 무척 사랑합니다. 그런데 광산 기업들이 우리의 풍경과 집을 파괴하고 있습니다."

"누가 여러분을 쫓아내려 하나요?"

"중국인들이요. 코무스가 여기를 광산으로 만들 거래요."

코무스Compagnie Minière de Musonoïe, COMMUS는 콩고 국영 광산기업 제카민Gécamines과 중국 광산기업 지진 마이닝Zijin Mining의 합작 회사로, 지분의 약 70%를 중국 측이 보유하고 있었다. '코무스' 이야기가 나오자, 너그럽게 우리를 맞이하고 아이들을 보여주던 부모들의 목소리가 날카로워졌다. 중국인과 다를 것 없는 외모의 나는 광산 기업의 스파이가 아니라고 맹세한 다음에야 취재를 이어갈 수 있었다.

"분필을 들고 온 사람들이 우리 집을 부수려 한다고요. 제발 도와주세요."

차불라에는 집집마다 파란색 X 자가 선명했다. 어느 날 광산 직원이라는 사람들이 나타나 파란색 분필로 그어놓은 것이었

다. 그들은 불도저가 곧 집과 학교를 철거할 테니 주민들에게 떠
날 준비를 하라고 했다. 마을이 세워진 땅속에 코발트가 있다는
이유 때문이었다. 아이들이 누운 침대 아래, 부모들이 생선을 굽
는 아궁이 아래, 마당에 널어놓은 옷들 아래 돈 덩어리가 잠들어

있었다. 그것을 못 본 척 밟고 살게 둘 수는 없는 일이었다. 콩고 민주공화국의 법에 따르면, 광산 기업은 마을 사람들이 이주할 부지를 찾아주고 기존 집과 동일한 크기의 주택도 제공해야 한다. 그러나 그런 일은 일어나지 않았다. 광산에서 나온 사람들은

퇴거와 오염으로 고통받는 마을

지역 정치인들과 이미 이야기가 끝났다는 말만 반복했다. 주민들은 '뇌물'이 아닌 '보상'이 필요하다며 저 멀리 보이는 광산을 손가락으로 가리켰다. 광산에 조금 못 미치는 곳에 이미 부서진 잔해들만 남은 텅 빈 마을이 보였다. 분필로 X 자를 그어 집을 무너뜨릴 수 있다는 것은, 이곳에서 농담이 아니었다.

"보상금으로 1천 달러를 줄 테니 근처 마을로 가라는데, 그 돈으로 어떻게 땅을 사요? 임대료가 너무 비싸서 아이들을 학교에 보낼 수 있을지 모르겠어요."

"어떤 사람은 3천 달러를 받기로 했대."

"우기가 다가오는데, 땅도 집도 빼앗기면 어디로 가야 합니까?"

그때 구석에서 잠자코 차례를 기다리던 남자가 손바닥만 한 번호표를 꺼내 보였다.

"저는 옆 마을 사람입니다. 몇 달 전 광산 기업이 토지 소유권이 확인된 사람들에게 이 번호표를 나눠줬습니다. 이걸 갖고 있으면 5천 달러를 준다고 했거든요. 집은 전부 철거됐는데 아직 아무것도 받지 못했어요. 기업에서는 벌써 광산 폐수를 흘려보내기 시작해서 땅을 다 망쳐버렸습니다. 농사도 지을 수 없어요.

우리 아이들은 더 이상 학교에 다니지 않습니다."

조상 대대로 살아오던 땅에 광물이 묻혀있다는 소식은 재해와 다름 아니었다. 주민 대부분이 밭에서 농사를 지어 생계를 이어가는 마을에서 퇴거는 곧 실직이기도 했다. 부모가 집과 일거리를 잃고, 마을이 무너지면 학교에 가는 아이들의 당연한 일상도 위태로워질 것이 뻔했다. 카메라를 보자마자 큰 소리로 마을 아이들을 불러 모았던 이콜로의 할머니는 손자가 자기처럼 될 거라며 울먹였다.

"우리가 여기서 쫓겨나면, 아이는 글을 못 읽게 돼요. 이 아이들이 갈 수 있는 학교가 어디입니까? 저한테 보여달라고요."

흔히 우리는 가난한 나라들이 글로벌 경제 시스템을 받아들이지 못해서, 세계적인 기업의 생산망에 일찍이 포함되지 못해서 빈곤에 허덕인다고 생각한다. 그러나 전 세계가 필요로 하는 핵심 광물의 공급처가 된 후, 이 마을은 아이들이 건강하게 자랄 수 없는 곳이 되었다.

지구 평균 기온 상승을 2℃ 이내로 제한하기로 한 파리기후변화협약을 지키려면 2040년까지 코발트의 수요는 약 스무 배

증가할 것으로 전망된다.[18] 기후 목표를 달성하기 위해서는 전기차의 점유율을 빠르게 높여야 하는데, 엔진 대신 배터리를 탑재한 전기 차는 내연기관 자동차에 없던 코발트가 필수 재료이기 때문이다. 채굴의 환경 문제를 인식한 과학자들이 코발트를 사용하지 않는 리튬인산철LFP 배터리를 개발했지만 온도 변화에 약하고 주행 거리도 짧아 코발트가 들어간 배터리를 대체하지는 못했다. 1991년 소니SONY가 리튬 이온 배터리가 탑재된 핸디캠을 출시한 이래, 누구도 코발트의 효율과 성능을 뛰어넘는 원료의 조합을 발견하지 못한 것이다.

흔히 '청정에너지'라 하는 것들도 광물 없이는 우리에게 닿지 않는다. 육상 풍력 발전소는 가스 발전소보다 아홉 배 많은 광물을 필요로 한다.[19] 햇빛과 바람이 없는 날에도 태양광, 풍력 에너지를 사용하려면 결국 날씨가 좋을 때 발생한 에너지를 배터리에 저장해야 하기 때문이다. 게다가 수십 년간 회전하며 에너지를 생산해야 하는 터빈에도 고내열, 고내구 금속인 코발트는 빠질 수 없는 필수 원료다.

---

18 International Energy Agency, 〈The Role of Critical Minerals in Clean Energy Transitions〉, 2021.

19 상동.

세상 모든 문제를 해결해 줄 것만 같은 AI 기술도 마찬가지다. AI 사용의 폭발적 증가는 수십만 대의 서버가 모인 초대형 데이터센터의 증설을 전제로 한다. 누구나 AI가 '전기 먹는 하마'라는 것은 안다. 그러나 엄청난 전력을 소비하면서도 절대 멈추면 안 되는 데이터센터에는 대형 발전기만 있는 것이 아니다. 갑작스러운 정전으로 데이터가 손실되는 것에 대비해 배터리 에너지 저장 시스템BESS 즉 코발트가 들어가는 초대형 배터리가 필요하다. 일상 곳곳에 AI 활용이 확대되어 전력망의 부담이 커질수록, 에너지를 저장하는 고밀도 배터리와 그 속의 코발트의 수요도 증가할 수밖에 없다.

이처럼 세계는 콩고민주공화국이 필요하지만, 광산 마을 사람들은 코발트가 들어가는 전기 차를 구경한 적도 없고 덕분에 탄소가 줄어든 깨끗한 공기를 마셔본 적도 없다. 우리가 '세계'라 부르는 선진국들의 지속 가능한 미래를 위해 그 '세계' 밖 누군가의 현재는 으스러지고 있다. 이들은 친환경 전환에 필요한 핵심 광물을 보유한 혜택을 누리기는커녕 가장 비싼 대가를 지불한다. 채굴이 시작된 또 다른 이웃 마을에서는 광산 기업이 폭약을 사용해 암반을 깰 때마다 흙구름이 하늘로 치솟았다. 이콜로의 할머니는 광산 기업과 주지사에게 편지를 보냈지만 답을 받지 못했다며 내 손을 꼭 잡고 도움을 요청했다. 모처럼 나를 반기는 사람들을 만나 운이 좋은 날이었다. 그러나 지키지 못할 약속을 하고 돌아서는 또 다른 하루가 기쁘지 않았다.

3장.
법정

어른이
되지 못한
아이

"피고 애플, 알파벳(구글), 델, 마이크로소프트, 테슬라는 원고들과 그와 유사한 처지에 있는 극빈 아동들을 강제로 동원하여 어떠한 안전 장비도 없이 생존 임금에도 미치지 못하는 대가를 받고 극도로 위험한 노동을 수행하게 하는 시스템을 인지한 상태에서 조장·방조하고, 그로부터 막대한 이익을 얻어왔다. 이 아이들은 최소한의 생존을 간신히 이어가기 위해 일할 수밖에 없었지만, 원고들의 운명이 보여주듯 많은 이들은 살아남지 못했다."

–콩고민주공화국 아동 광부 열여섯 명을 대리하여 변호사 테리 콜링즈워스가 미국 연방법원에 제출한 소장[20]

---

20 Complaint, 〈Jane Doe 1, et al. v. Apple Inc., et al., Case No. 1:19-cv-03737〉, Dec 16, 2019.

이름도, 얼굴도, 사는 곳도 공개할 수 없다던 X를 어렵게 만났다. 그는 미국 기업들을 상대로 제기된 아동 노동 소송의 원고 중 한 명이었다. 현지 시민단체와 조력자들을 통한 긴 설득 끝에 콩고민주공화국을 떠나기 하루 전, 그를 만날 수 있었다. X와 만나기로 한 곳은 그의 집에서 차로 두 시간 떨어진 도시의 한 호텔로, 비밀리에 우리를 돕기로 한 정부 관계자가 다른 용무로 머물고 있는 곳이었다. '아동 노동' 소송의 원고가 외국 언론과 접촉했다는 것을 아무도 모르게 하기 위해 머리를 맞댄 결과였다. 아동 노동의 꼬리표가 코발트 수출에 누가 될까 신경이 곤두선 광산업계 사람들은 카메라를 든 외국인을 항상 예의 주시했다. 하물며 나는 그들이 '허구'라 단정하는 소송의 원고를 찾고 있었으니 더욱 조심하는 수밖에. 인터뷰 장소가 노출되면 X뿐만 아니라 조력자들 역시 위험해질 수 있기에 모두가 이른 새벽 은밀히 길을 나섰다. 호텔에 도착한 우리는 운전기사 에리체의 친구가 X를 데리러 간 동안, 정부 관계자가 묵던 방에 들어가 수첩 하나까지 그의 물건을 모두 치웠다. 가구의 배치를 바꾸고 벽에 있는 거울을 내린 자리에 따로 챙겨온 옷가지를 걸고 나니 조금은 마음이 놓였다.

마침내 X가 나타났다. 키가 큰 멋진 청년이었다. 그러나 X는 통역가의 등 뒤에 그림자처럼 붙어서 땅만 보고 걸어 들어왔다. 취재를 하며 본인의 얼굴을 가려달라, 모자이크를 전신에 쳐달라, 음성 변조를 다른 성별로 해달라는 이런저런 요구는 많이 들어봤지만 이 어른 아이는 달랐다. 방에 들어오는 순간부터 그는 한 번도 고개를 들지 않았다. 악수를 건넨 손을 잡는 순간에도 눈을 마주치지 않은 그는 마치 큰 죄를 지은 듯 등을 웅크리고 목을 떨군 채 자리에 앉았다.

"그 일이 일어났을 때 몇 살이었어요?"

"아마 열다섯이요."

"누가 당신을 광산에서 일하게 했나요?"

"저는 누구 밑에서 일한 게 아니에요. 그냥 제가 원해서 광산에 간 거죠."

모린과 카스가 그러했듯, X는 아버지의 죽음과 함께 학교를 떠나 광산으로 향했다. 더 이상 학비를 낼 수 없었을 뿐만 아니라, 농장에서 일하는 어머니와 동생들을 보살펴야 했기 때문이다. 광산에 처음 '출근'했을 때 X는 열한 살이었다. 아이는 종일 아무것도 먹지 못한 채 일했다.

"이곳의 삶은 거칠어요. 상황이 나빠지면 달리 할 수 있는 게 없거든요. 부모가 없는 친구들은 다들 광산으로 왔어요. 아니면 어떻게 살아남겠어요? 끼니를 뭘로 해결하겠어요?"

열네 살이 된 X는 콜웨지 인근 마샴바 이스트^{Mashamba East} 광산에서 일하기 시작했다. 글렌코어의 자회사 KCC^{Kamoto Copper Company}가 운영하는 곳이었다. 어쨌든 아이는 오래지 않아 코발트 캐는 것을 그만두었다. 총에 맞아 팔을 쓸 수 없게 되었기 때문이다.

총을 든 경비대는 일을 마친 아이들이 광산을 떠나기 전 반드시 거쳐야 하는 사람이었다. 그들은 광산을 지키는 대통령 경비대^{Presidential Guards}로, 그곳에 드나드는 누구든 경비대의 통제에 따라야 했다. 어린 X도 규칙을 모르지 않았다. X는 열 명으로 꾸려진 팀에서 일했는데, 일과가 끝나면 채굴한 코발트는 몽땅 광산 경비대에게 넘겼다. 그러면 경비대가 이를 광산 입구의 암시장에 판매한 다음 약 12달러를 지급했다. 그게 바로 아이 열 명의 몫이었다. 날마다 캐는 양은 조금씩 달랐지만 X는 항상 2,500프랑(약 1달러)을 받았다. 처음 1년 반 동안, X와 친구들은 어른들이 주는 2,500프랑이 그저 소중했고 기뻤다.

그러던 어느 날, X는 코발트를 직접 암시장에 가져가 팔면 더 많은 돈을 받을 수 있다는 이야기를 들었다. 아이는 조심스럽지만 대범하게 경비대원들을 찾아가 제안을 건넸다. 다른 아이들보다 더 많은 코발트를 채굴해서 상납할 테니, 일부만 자신이 직접 암시장에 가져가서 팔게 해달라는 부탁이었다. 경비대원 둘은 아이의 제안을 받아들였다.

그날 일을 마친 X는 평소와 비슷한 양의 코발트를 경비대원들에게 내어놓고, 자기 몫의 코발트를 챙겨 걸음을 옮겼다. 그런데 광산을 떠나던 X를 누군가 거칠게 붙잡았다. X의 제안에 별다른 대답을 하지 않았던 경비대원이었다. 그는 X에게 자루를 내놓으라고 했다. 아이는 절반을 주겠다고 했으나 그는 전부를 원했다.

"저는 이 코발트는 내 것이고, 포기하지 않을 거라고 했어요."

"그러고 나서요?"

"가던 길을 갔죠. 그리고 그 사람이 저를 쐈어요."

"어디를요?"

"여기 다리에 한 방, 그리고 등에 한 방을 쐈죠."

총알은 아이의 등을 뚫고 쇄골 아래로 빠져나왔다. 경비대원은 쓰러진 아이에게 주먹을 휘둘렀다. 총알이 관통한 쪽의 팔은 영영 쓸 수 없게 되었다. 총상은 아물고 X는 어른이 되었지만, 내 앞에 앉아있는 그는 두려움에 질린 그날에서 멀리 오지 못한 듯했다. 코발트 광산은 아이의 처음이자 마지막 일터가 되었다. 너무 이르고 버거운 노동은 아이의 몸과 마음을 구부러뜨려 버렸다.

"애플과 테슬라를 아세요?"

"네?"

"코발트가 들어간 물건을 만들고 파는 기업들이에요."

"저는 몰라요."

"광산에 코발트가 이렇게 많은데, 왜 다들 먹고살기가 이렇게 힘들까요?"

"경비대 때문이죠. 광물을 챙겨서 몰래 나가려다 뼈가 부러지도록 맞은 사람들이 많았어요."

X의 원망은 그가 두들겨 맞던 광산 안에 머물러 있었다. 미움이 닿기에 소송의 피고는 너무 멀었다. 다만 아이는 책임 있는 누군가에게 보상을 받아 다시 살 기회를 갖고 싶다고 했다.

“어떤 삶을 살고 싶은데요?”

“학교를 마치고 싶어요. 그리고 지금처럼 말고 예전처럼 살고 싶어요.”

높낮이 없이 웅얼대던 목소리에 점점 힘이 들어갔다. 입안에 있는 무언가를 뱉어내는 듯한 X의 목소리에서 처음으로 감정이 느껴졌다.

“그 이후로 아무것도 할 수 없었어요. 저는 불구니까요. 제 꼴이 이러니까요!”

X는 불안하다고 했다. 안전하다고 느끼지 못한다고 했다. 그 일이 벌어진 이후로 그를 찾아오거나 위협한 사람도 없었고, 광산 근처에 간 적도 없었지만 여전히 두렵다고 했다. X는 스스로를 집에 가뒀다. 어머니가 몸이 아파 농장에 일을 못 가는 날은 가족 모두 굶는 수밖에 없었다.

“보상을 받아서 학교를 마치면 뭘 하고 싶은데요?”

“좋은 교육을 받아서 좋은 직업을 갖고 싶어요.”

“어떤 직업을요?”

“글쎄요. 그냥 사무실에서 일하는 사람이면 좋을 것 같아요.”

늘 배고픈 채로 잠들었다며 X는 짧지도, 길지도 않은 인생을 회상했다. 소송의 원고 즉 아이들은 세상을 떠났거나 마치 존재하지 않는 사람처럼 숨죽여 살고 있었다. 이름도 밝히지 못한 채 죄를 지은 듯 벌벌 떠는 아이는 어른이 되지 못했다.

식민 통치는 끝났고, 벨기에 국왕은 '유감'을 표시했다.[21] 그러나 독립 후 60년이 지난 지금도 콩고민주공화국의 광물은 이 땅의 아이들을 배불리 먹이고 포근히 재우는 데 사용되지 않는다. 1960년 6월 30일, 콩고민주공화국의 독립을 선포하는 자리에서 벨기에의 보두앵Baudouin 왕은 증조부인 레오폴드 2세의 탁월한 인품과 벨기에의 식민 통치가 이뤄낸 위대한 성과에 대해 자화자찬을 쏟아냈다.[22] 잠자코 듣던 사람들 속에는 콩고민주공화국의 초대 총리 파트리스 루뭄바Patrice Lumumba도 있었다. 콩고의 완전한 독립을 꿈꾸던 그는 자리를 박차고 일어나 예정에 없던 연설을 시작했다. 총리는 벨기에의 식민 통치가 '힘으로 강요된 굴욕적인 노예 상태'였다 비난했고, 이제 착취에서 벗어나 조국의

---

21 The Belgian Monarchy, 〈Brief met felicitaties ter gelegenheid van de 60ste verjaardag van de onafhankelijkheid van Congo〉, June 30, 2020.

22 AfricaMuseum, 〈Discours du roi Baudouin le 30 juin 1960〉, June 30, 1960.

땅이 후손들에게 이익이 되도록 살피겠다고 선언했다.[23] 그러나 이 연설은 콩고인들로부터 존경과 감사를 기대한 벨기에인들의 분노를 샀다. 곧이어 벨기에는 광물이 풍부한 구리벨트 지역의 분리 세력을 지원했고, 이는 내전으로 번졌다. 34세의 젊은 총리는 취임한 지 6개월 만에 미국과 벨기에의 결정으로 살해당하고 말았다. 시신은 산성 용액으로 녹여졌고, 암살에 가담한 벨기에 용병은 그의 치아를 전리품으로 가져갔다.[24]

루뭄바 총리의 죽음은 이 나라에 좌절과 무력감을 심었다. 뒤이어 집권한 부패한 지도자들은 국민을 억압하는 한편, 권력 유지를 위해 자원을 지렛대 삼아 외국 정부, 기업과 검은 거래를 지속했다. 이 과정에서 이스라엘 사업가 댄 거틀러Dan Gertler는 조제프 카빌라Joseph Kabila 전 대통령과의 친분을 바탕으로 헐값에 사들인 채굴권을 글렌코어 등에 되팔아 수억 달러의 이익을 얻었다.[25] X가 총에 맞은 광산의 실질적 소유주인 글렌코어 역시 콩고민주공화국에 수천만 달러의 뇌물을 준 것이 드러났지만[26]

---

23 AfricaMuseum, 〈Discours intégral de Patrice Lumumba〉, June 30, 1960.

24 Sanya Osha, 〈Patrice Lumumba's tooth represents plunder, resilience and reparation〉, The Conversation, July 5, 2022.

25 Franz Wild, 〈Dan Gertler - the man at the centre of DR Congo corruption allegations〉, BBC, March 23, 2021.

여전히 중국 CMOC^{China Molybdenum Company}와 함께 세계 최대 코발트 생산업체 자리를 지키고 있다. 한편 글렌코어의 코발트를 정제, 가공하는 유미코어^{Umicore}는 벨기에 기업이다. 이 벨기에 기업이 정제한 콩고의 코발트는 중개업체를 거쳐 애플, 테슬라와 같은 글로벌 기업에 판매된다.

얄궂은 우연이 아니다. 구리벨트는 식민 지배의 사슬을 끊어내지 못했다. 유미코어의 전신인 UMHK^{Union Minière du Haut Katanga}는 처음부터 식민지인 콩고 자유국의 자원을 착취할 목적으로 만들어졌다. 1906년 본격적으로 사업을 시작한 곳도 엘리자베트빌^{Élisabethville}, 바로 오늘날의 루붐바시였다. 콩고에 진출한 UMHK는 도로, 제련소 등의 광업 기반 시설을 만드는 대가로 벨기에 왕으로부터 콩고의 땅을 받았고, 콩고의 숲을 베어 벨기에인들을 위한 정착지를 세웠다. 반면 콩고인들은 모든 권리를 박탈당한 채 인두세를 납부하기 위해 강제 노동에 내몰려야 했다.

100년이 지난 지금, 유미코어는 아동 노동이 만연한 콩고민

---

26 Office of Public Affairs, 〈Glencore Entered Guilty Pleas to Foreign Bribery and Market Manipulation Schemes〉, press release, U.S. Department of Justice, Washington, D.C., May 24, 2022.

주공화국의 광산에서 채굴한 코발트를 정제, 말 그대로 아무 일 없다는 듯 깨끗이 씻어 세계에 공급하고 있다. 100년 전과 다른 듯 닮은 듯, 콩고의 아이들은 오늘도 광산으로 향한다. 그리고 자라지 못한다.

저들이
우리 아이들을 개처럼
죽이고 있어요

아침저녁으로 서늘한 바람이 기분 좋게 불어온다. 가을이다. 약속한 듯 새 아이폰이 세상에 나온다. 올해도 뉴욕 5번가 애플스토어에는 그 탄생을 축하하는 사람들이 모여든다.

"아주 신나죠. 한 주 내내 오늘만 기다렸어요. 저는 '애플 보이'거든요. 아이폰 기종은 하나도 빠짐없이 가지고 있어요. 여기 와서 정말 기쁩니다."

"매년 출시일마다 새 아이폰을 사러 여기에 와요. 저에게는 일종의 의례예요. 새 아이폰을 가장 먼저 받는 사람이 되고 싶거든요."

카운트다운과 함께 매장의 문이 열리고 애플의 최고경영자

팀 쿡^{Tim Cook}이 환한 얼굴로 나타났다. 손바닥만 한 하얀 상자는 모두에게 기쁨이자 축복이었다. 세상에서 가장 빠르고 아름다운 새 스마트폰을 사서 행복한 사람들, 지난해에 그랬듯 올해도 세상에 없던 혁신적인 스마트폰을 만들고 또 팔 수 있어 행복한 사람들이 서로에게 감사하며 이 순간을 SNS에 공유했다. 이건 분명 오늘의 주요 뉴스가 될 것이다. 자본주의 사회에서 잘 사고, 잘 파는 이들만 한 모범 시민은 없다. 올가을에도 어김없이 새 아이폰이 출시되고 또 사람들이 줄을 선다는 것은 세계 경제가 문제없이 잘 돌아가고 있다는 뜻이다. 1만km 떨어진 광산의 굶주림과 죽음은 올해도 여기까지 닿지 못했다. 그 배터리에 아이들의 피가 묻어있다는 보도는 다행스럽게도 새 스마트폰을 사는 기분을 망칠 만큼 퍼지지 못했다.

테리 콜링즈워스는 그 기분을 망쳐버린 몇 안 되는 사람 중 하나였다. 워싱턴DC에 사는 변호사인 그는 현장 조사를 위해 콩고민주공화국에 다녀온 뒤 새 아이폰에 대한 기대를 완전히 잃어버렸다.

"저는 아이폰 사용자예요. 아동 노동 문제를 몰랐다면 오래

전에 새 모델을 샀겠죠. 하지만 이제 문제가 해결될 때까지 애플 제품을 구매하지 않을 겁니다. 다이얼 회전식 전화기를 써야 한다면 그렇게 할 거예요."

테리는 인권 변호사로 30년 넘게 세계를 누벼왔다. 아프리카에서 남아메리카까지 농장과 공장에서 착취당한 사람들을 수없이 만났고, 그들 편에서 세계 공급망을 쥐락펴락하는 글로벌 기업들을 상대해 왔다. 카길^{Cargill}, 월마트^{Walmart}, 네슬레^{Nestle}는 그 긴 명단의 일부였다. 그런 그에게 몇 년 전 콩고민주공화국의 시민단체가 연락을 해왔고, 사정을 들은 테리는 그들에게 광부로 일하다 다친 아이들을 모아달라고 요청했다. 마침내 그가 콩고민주공화국에 도착했을 때, 숙소 안뜰에는 50여 명의 사람들이 그를 기다리고 있었다.

"처음 면담한 여성은 한 아이의 어머니였어요. 그 아이는 붕괴 사고로 사망했고요. 그런데 그녀의 사촌동생 역시 며칠 전 광산에서 사망했다더군요. 그녀는 저와 대화하는 내내 울었어요. 그리고 제 눈을 바라보며 '저들이 우리 아이들을 개처럼 죽이고 있어요'라고 말했죠. 순간 그게 남일 같지 않았어요. 그래서 최선을 다하겠다고, 반드시 이기겠다고 대답했죠. 그날은 제 경력에서 가장 아프고 끔찍한 날이었어요. 다리를 잃었으나 목발을 살 여유가 없어 나뭇가지를 짚은 채 절뚝이는 아이들이 절 맞이했죠. 한 아이는 골반과 척추가 부러져 걸을 수 없었습니다. 그래서 그 아이는 제 앞의 탁자에 눕혀졌어요. 아이들과 인터뷰할 때마다 매번 눈물을 참을 수 없었습니다. 그런 상황은 처음이었죠.”

테리는 소송 관련 자료를 모아놓은 두터운 파일을 꺼냈다. 아이들을 면담하며 찍은 사진들이 거기에 정리되어 있었다. 아이들은 신원 보호를 위해 모두 ‘존 도 John Doe’와 같은 가명으로 표기되었고 사진 역시 눈 부분이 검게 가려져 있었다. 그러나 으깨진 무릎, 함몰된 복사뼈와 감염되어 부어오른 발, 바지 아래 긴 금속 지지대를 보니 눈을 마주치지 않아도 사진 속의 아이가 얼마나 울어야 했을지 알 것만 같았다.

“아이들은 저마다 알고 있는 붕괴 사고를 이야기했어요. 희생자의 이름, 날씨, 시간이 조금씩 달랐지만 거의 같은 내용이었죠. 나중에 알고 보니 모두 다른 붕괴 사고에 대해 말한 거였더군요. 다들 광산에서 죽은 친구가 있었으니까요. 그리고 아이들은 모든 땅굴이 언젠가 반드시 무너질 것을 100% 확신한다고 말했습니다. 상상이 가세요? 굶주린 아이가 하루 1달러를 벌겠다고 무너질 것을 뻔히 아는 땅굴로 내려가는 게요? 매일 아침 내가 들어갈 땅굴이 오늘 무너지면 어쩌나 걱정하면서 말이죠. 그런데 아이들이 왜 다쳤는지 생각해 보면 애플, 알파벳(구글), 델, 마이크로소프트, 테슬라처럼 세계에서 가장 부유한 기업들이 사용하는 코발트를 캐다가 저렇게 됐거든요. 이 일을 30년 넘게 해왔지만, 그 어느 때보다 더 분노가 치밀어 올랐어요."

미국에 돌아온 테리는 애플, 알파벳(구글), 델, 마이크로소프트, 테슬라를 상대로 소송을 제기했다. 콩고민주공화국 코발트 광산에서 일어난 아동 노동을 방조, 교사하고 그로부터 이익을 얻은 혐의로 다섯 개 미국 기업에 법적 책임을 물은 것이다. 원고는 총 열여섯 명이었다. 어린 시절 코발트 광산에서 일하다 다친 네 명의 성인과 일곱 명의 미성년자, 그리고 광산에서 일하다 사망한 어린이 다섯 명의 유가족이 그들이었다.

존 도 John Doe 1 : 아홉 살에 학교를 그만두고 광석 줍는 일을 시작했다. 열다섯 살이 되자 아이는 대형 광산에서 '인간 노새Human mule' 역할을 맡았다. 가파른 비탈을 오르내리며

30kg이 넘는 암석 자루를 700m 떨어진 집하장^{Depot}까지 운반하는 일로, 한 번 왕복할 때마다 받는 돈은 약 10센트였다. 어느 날 아이는 자루를 옮기다 비탈 아래로 추락했다. 부모는 구덩이 바닥에 방치되어 있던 아이를 자전거에 앉혀 병원까지 걸어갔다. 아이는 척추가 부러져 전신이 마비되었다.

제임스 도^{James Doe} **2** : 목수였던 아버지가 크게 다쳐 더 이상 일할 수 없게 되자 일곱 명의 동생들을 부양하기 위해 열한 살에 광부가 되었다. 아이는 동생 세 명과 함께 광석 찌꺼기를 주워 팔았다. 일주일에 6일을 일하던 아이는 열여섯 살에 땅굴 붕괴 사고로 사망했다. 매몰 현장에서는 또 다른 미성년자 두 명이 추가로 발견되었다.

존 도^{John Doe} **3** : 열한 살에 학교를 그만두고 어머니를 도와 채소를 팔았다. 어느 날 중개인이 광산에서 일할 것을 권했고, 그렇게 아홉 명이 모였다. 중개인은 세 명당 오토바이 한 대를 빌려줬는데, 아이들은 매일 그 오토바이를 타고 마을에서 45km 떨어진 광산에 가서 코발트를 캤다. 아이는 코발트 자루 세 개가 가득 찰 때마다 그걸 팔러 암시장으로 갔다. 코발트를 판 돈은 전부 중개인에게 넘겨야 했으며, 중개인은 아홉 명의 아이들에게 매주 약 80달러만 지급했다. 어느 날 아이는 200kg이 넘는 코발트를 싣고 암시장에 가던 중, 대형 트럭과 충돌했다. 병원에서 깨어났을 때는 왼쪽 다리가 절단된 상태였다. 막대한 병원비로 그의 가족은 극심한 빈곤에 빠졌다.

존 도 John Doe 5 : 오전 5시부터 7시까지 광산에서 일하고 학교에 다니다가 학비를 감당할 수 없어 전일제 광부로 일하기 시작했다. 아이는 좁은 수직 갱도를 50m 내려간 다음 지표면과 수평으로 이어진 100m 길이의 터널로 들어가 코발트를 캤다. 어느 날, 아이가 갱도 아래의 좁은 공간에 쪼그리고 앉아 코발트 자루를 위로 올릴 준비를 하고 있던 때 천장이 붕괴되었다. 그 자리에서 서른다섯 명이 사망했고 아이는 단 두 명의 생존자 중 하나였다. 그러나 엉덩이뼈가 골절됐고 두 다리도 완전히 으스러졌다. 오른쪽 다리에는 부서진 뼈를 지탱하기 위해 금속 막대가 삽입되었다. 아이는 다시는 걸을 수 없었다.

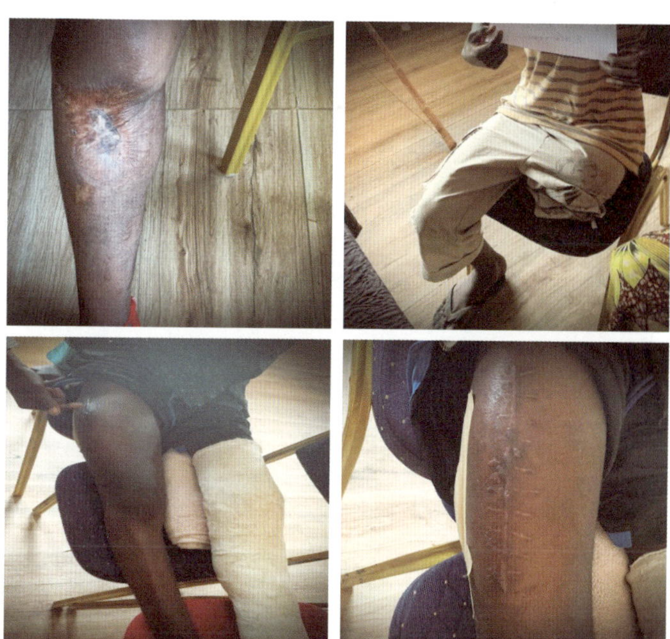

테리 변호사가 아이들을 면담하며 찍은 사진

　소송에 참여한 원고들은 굶주림을 피하고 가족을 부양하기 위해 어린 나이에 채굴에 뛰어들었다. 그러나 중개인을 따라 일단 광산에 발을 들이면 떠나는 것은 간단하지 않았다. 아이들은 대부분 채무 예속 상태에 갇혔다. 아이들의 '보호자', '중개인'을 자처하며 숙식이나 교통수단을 제공하는 어른들이 사실상 포주에 가까웠기 때문이다. 그들은 자신의 집이나 공동 숙소에서 아이들을 관리했고, 업무량을 할당하고 다그쳐서 아이들이 종일 광산에서 일하게 했다. 또한 아이들이 캔 코발트를 암시장에 가져다 파는 것도 그 어른들이었는데, 갖가지 명목으로 비용을 공제하고 나면 아이가 받는 돈은 약속한 듯 하루 1달러 남짓이었다. 돈을 벌어 곧 학교로 돌아가겠다는 다짐은 순진한 바람이었다. 아이들에게 코발트는 희망이 아닌 덫이었다. 아이들이 죽거나 불구가 되어 비로소 광산을 떠나면, 동생들이 그 자리를 채웠다. 고스란히 빚이 된 병원비와 남겨진 가족들의 생계를 누군가는 책임져야 했기 때문이다.

처음 소송을 결심했을 때, 테리는 피고를 특정하지 못했다. 그래서 그는 구리벨트 전역의 광산과 암시장, 도매시장을 찾아다니며 코발트의 공급망을 추적했다. 콩고민주공화국의 은퇴한 광산 기업 직원, 과거 국제 앰네스티Amnesty International의 조사에 참여한 시민단체 아프로 워치Afro Watch도 그를 도왔다. 결국 테리는 장인 광산에서 채굴된 코발트의 상당수가 KCCKamoto Copper Company, CDMCongo Dongfang International Mining, 메탈콜Metalkol SA 등 현지 광산 업체의 공급망과 맞물려 소수의 글로벌 자원 기업으로 집중된다는 사실을 알게 되었다. 특히 그를 찾아온 원고들은 모두 세 개의 글로벌 기업이 소유 또는 운영에 관여한 광산에서 부상을 입거나 사망한 것으로 파악됐다. 바로 글렌코어Glencore, 화유Huayou, 유라시안 리소스 그룹Eurasian Resources Group이었다.

제임스 도James Doe 1은 사망 당일 글렌코어의 자회사 KCC가 운영하는 마샴바 이스트 광산에서 땅굴을 팠다. 땅굴 붕괴로 전신이 마비된 존 도John Doe 1과 존 도John Doe 8이 일한 라크 말로Lac Malo B5 광산 역시 KCC가 운영했다. 제임스 도James Doe 2와 조슈아 도Joshua Doe 2는 글렌코어가 채굴권을 보유한 틸웨젬베Tilwezembe 광산에서 사망했고, 다리를 잃은 존 도John Doe 3과 존 도John Doe 5는 화유의 자회사 CDM이 운영하는 광산에서 일했다. 붕괴된 흙에 깔려 골반과 다리가 부러진 존 도John Doe 13은 유라시안 리소스 그룹이 소유한 메탈콜 광산에서 땅굴을 팠다.

이어서 테리는 미국 IT 기업들의 코발트 공급망을 역추적했다. 그가 소송에서 피고로 적시한 다섯 개의 기업은 글렌코어, 화유, 유라시안 리소스 그룹 중 적어도 하나, 많게는 전부에서 코발트를 공급받는 것으로 파악되었다. 그러나 그것만으로는 소송을 시작할 수 없었다. 애플, 알파벳(구글), 델, 마이크로소프트, 테슬라는 코발트를 구입했을 뿐 광산에 발을 들이지 않았다. 광산에서 벌어진 일에 대한 책임을 그들에게 묻는 게 가능할까?

"미국에는 인신매매 피해자 보호 재승인법^{Trafficking Victims Protection Reauthorization Act, TVPRA}이 있습니다. 인신매매, 강제 노동, 아동 노동 등을 방지하기 위해 만들어졌죠. 그런데 이 법에 따라 코발트 판매 기업이 아닌, 구매 기업을 어떻게 처벌할 수 있을까요? 요점은 간단합니다. 구매 기업이 '벤처^{Venture}'의 위치에 있었음을 증명하면 됩니다."

한국에서는 '스타트업'과 유사한 의미로 사용되는 '벤처'는 미국 인신매매 피해자 보호 재승인법에서 '이익을 얻기 위해 함께 작동하는 사업 관계 및 구조'를 뜻한다. 즉 아동 노동을 통해 종국적으로 해당 기업이 이익을 얻는 지속적인 사업 관계를 맺고 있거나, 아동 노동을 사용하는 사업 구조에 대해 알고도 용인한 '벤처'의 위치에 있었다면 코발트 구매자인 미국 기업도 콩고민주공화국에서 일어난 아동 노동의 책임에서 자유롭지 않은 것이다. 또한 인신매매 피해자 보호 재승인법은 역외 관할권을 규정하고 있어 미국 기업이 해외에서 저지른 아동 노동에 대해서도 미국 법정에서 책임을 물을 수 있다.

"아동 노동을 사용하는 공급처와 반복적, 지속적 거래를 해왔고 이를 통해 구매 기업이 원가 절감, 원재료 확보 등 어떤 형태로든 이익을 얻었는지가 핵심입니다. IT 기업들은 이 지속적 거래를 통해 이익을 얻고 있습니다. 하루 1달러에 아이들이 착취당한 덕분에 결국 그 기업들이 코발트를 더 싸게, 안정적으로 구하고 있으니까요. 즉 피고들은 아동 노동을 사용하는 코발트 공급망에서 분명한 '벤처'의 위치에 있습니다."

소송이 제기되자, 다섯 개 기업은 공동으로 대응했다. 그들은 관할권 부존재 및 청구 원인 불충분을 이유로 소송 기각을 신청하며 자신들이 광산 현장의 학대 행위에 대한 '필요한 지식'을 갖고 있지 않았다고 주장했다. 그러나 코발트 광산의 아동 노동은 비밀이 아니다. 접근이 제한되어 숨겨진 비극도 아니다. 국제 앰네스티Amnesty International가 코발트 광산의 참혹한 아동 노동에 대한 보고서 〈This is What We Die For(이것이 우리가 죽는 이유다)〉를 발표한 이후로 10여 년간 수많은 언론이 아이들의 기구한 삶을 취재해 왔다. 미국 노동부Department of Labor는 이미 2009년에 콩고민주공화국의 코발트를 '강제 노동 및 아동 노동으로 생산

된 물품 목록^{List of Goods Produced with Forced and Child Labor}'에 등재했다.[27] 이를 고려할 때 테리는 피고 기업들이 코발트 광산의 아동 노동을 몰랐거나, 피할 수 없었다는 것은 말이 안 된다고 판단했다. 이런 기업들은 모두 유능한 홍보, 법률, 위험 관리 담당 조직이 있고 계약에 앞서 공급망을 조사해 리스크를 평가하기 때문이다. 게다가 2016년 국제 앰네스티는 몇몇 기업들에게 코발트 광산의 아동 노동 문제에 대해 어떤 조치를 하고 있는지 공식 질의서를 보내기도 했다. 당시 대부분은 질의를 무시했고, 일부는 '문제를 파악 중이다', '아동 노동은 우리 정책에 반하는 일이다'라는 뻔한 답변을 보내왔다. 이번에도 기업들은 아이들이 코발트 광산에서 일하는 것을 처음 듣는 것처럼 반응했다.

구글 - "아동 노동과 아동 학대는 용납할 수 없습니다. 우리는 모든 자재를 윤리적으로 조달하고 글로벌 공급망에서 아동 채굴을 근절하기 위해 최선을 다하고 있습니다."[28]

---

27 Bureau of International Labor Affairs, 〈The Department of Labor's List of Goods Produced by Child Labor or Forced Labor〉, U.S. Department of Labor, Washington, D.C., 2009.

델 – "우리는 책임 있는 광물 조달에 전념하고 있습니다. 비자발적 노동, 사기성 모집 관행 또는 아동 노동을 사용한 사업장을 고의로 이용한 적이 없습니다."[29]

애플 – "애플은 공급업체에 대해 가장 엄격한 기준을 설정함으로써 업계를 선도해 왔으며, 우리 자신과 업계의 기준을 지속적으로 높이기 위해 노력하고 있습니다."[30]

마이크로소프트 – "우리는 콩고민주공화국을 비롯한 여러 지역에서 아동 노동을 근절하기 위해 비정부기구들과 지속적으로 협력하고 있지만, 이번 소송 기각 신청을 제출했습니다. 소송 내용은 근거가 없으며, 법원도 이에 동의할 것으로 믿습니다."[31]

테리는 말했다.

---

28 Michelle Toh, 〈Apple, Google, Microsoft, Dell and Tesla are sued over alleged child labor in Congo〉, CNN Business, December 18, 2019.

29 상동

30 Annie Kelly, 〈Apple and Google named in US lawsuit over Congolese child cobalt mining deaths〉, The Guardian, December 16, 2019.

31 International Rights Advocates, 〈John Doe I et al. v. Apple, Alphabet (Google), Dell, Microsoft, and Tesla – Cobalt〉, accessed March 26, 2026, https://www.internationalrightsadvocates.org/cases/cobalt.

"인권 변호사들은 기업의 대응 매뉴얼Corporate Playbook에 익숙합니다. 아동 노동, 인권 침해와 같은 의혹을 받으면 기업은 '우리는 그런 것에 반대한다'라는 정책을 웹사이트에 올리고 홍보하죠. 안타깝게도 대부분의 소비자는 애플의 공급망에 아동 노동 착취가 있는지 평가하러 콩고민주공화국까지 날아갈 시간이 없거든요. 모두가 대단하다 여기는 애플 같은 기업이 '우리는 아동 노동 착취에 반대한다'라는 정책을 내놓으면, 대부분의 소비자들은 그들이 문제를 바로잡았다고 여겨요. 소비자들은 그 문제를 자세히 들여다보는 데 시간을 쓰지 않습니다. 기업들은 그걸 알고요. 안타깝지만 이 방식은 대부분 성공합니다. 법정에서는 콩고민주공화국이 어디 있는지도 모른다고 해놓고, 소비자에게는 코발트 광산의 아동 노동을 근절하기 위해 노력 중이라고 하면 그만입니다. 그런데 실제로 뭔가를 하고 있던가요?"

제 몸만 한 코발트 자루를 멘 채 비틀대는 아이들을 나는 봤다. 콜웨지에서 코발트를 캐고 씻고 나르는 아이들을 목격하는 것은 서울에서 킥보드를 타거나 책가방을 멘 아이들을 마주치는 것만큼 쉬웠다. 10년 전이나 지금이나 하루가 멀다 하고 땅굴은 무너졌고, 이름은 다르지만 나이도 표정도 버는 돈도 같은 아이들이 맨발로 광산에 서있었다. 숨기기에는 너무 많은 아이들이, 너무 오랫동안 코발트 채굴에 동원되었다. 테리가 보기에 대형 IT 기업들은 이 공급망이 작동하게 하는 주요 참여자이자 글로벌 자원 사업의 일부였다. 그들이 자사의 아름다운 인권 강령을 약속이 아닌 홍보 수단으로 여기고, 사업 과정에 아동 노동이 존재하지만 법적으로는 책임이 입증되지 않는다는 판결을 받기 위해 막대한 돈을 쓰는 동안 아이들의 삶은 한 발짝도 나아가지 못했다.

그래서 소송이 필요했다. 테리는 기업이 반복된 거짓말에 대한 책임을 지게 하고 싶었고, 소송 자체가 중요한 교육이 될 것이라 믿었다. 알만한 기업들이 소송을 치르는 것을 지켜보며 좀 더 많은 소비자들이 이 문제에 대해 생각할 기회를 갖고, 자신이 좋아하는 기업에 변화를 요구할 수 있기 때문이다.

"하지만 글로벌 기업을 상대로 싸우는 게 쉽진 않을 텐데요. 어려움은 없었나요?"

"정말 어렵죠. 상대는 소속 변호사만 1천 명이 넘는 최대 로펌을 고용하니까요. 법정에서 제가 앉은 쪽 반대편은 대형 로펌의 변호사들로 꽉 찹니다. 그런데 맞은편에 앉은 수많은 변호사들을 보면 의욕이 샘솟아요. 아이들이 죽는 걸 내버려두는 기업들을 열심히 변호하고 있잖아요. 사업을 위해 아이들이 죽을 필요는 없거든요. 심지어 그 기업들은 상황을 바로잡을 능력이 있어요. 그래서 저는 그러한 뜻을 담은 시선으로 상대 변호사들을 바라봅니다. 저는 아이들을 도울 거예요. 그걸 위해 하루 20시간씩 일해야 한다면 그렇게 할 거예요. 그게 저에게는 옳은 일이니까요."

"코발트 광산의 아동 노동 문제가 제기된 지 10년이 훌쩍 넘었습니다. 그런데 아이들의 삶은 왜 여전히 똑같을까요?"

"보고서, 기사가 저절로 변화를 가져오지는 않습니다. 기업들은 손해가 될 변화를 막기 위해 홍보 전문가, 로비스트, 변호사에게 수백만 달러를 쓸 수 있기 때문이죠. 미국 정부 역시 2009년에 문제를 인식했지만, 공적 집행을 위한 노력은 없었어요. 아동 노동으로 만든 제품이 수입되지 못하게 하는 것은 세관을 비롯한 정부의 소임인데도요. 그래서 결국 피해자들이 직접 기업을 상대로 소송을 하는 길밖에 없었죠."

"피고 기업들 상당수는 친환경 캠페인에 적극적이고 존경받는 곳들인데요. 그런 회사들이 왜 이처럼 극단적인 인권 유린에 눈을 감는 걸까요?”

“답은 쉽습니다. 돈을 쓰고 싶지 않기 때문이에요. 이 문제를 진지하게 받아들이고 바로잡으면, 다음에는 사람들이 또 다른 문제를 들이밀까 봐 우려하는 거죠. 아동 노동 문제를 해결하고 나면 성인 노동자에 대한 처우를 개선하라는 요구도 따를 테고, 그러면 기업은 적절한 노동 환경과 급여를 제공해야겠죠. 분명한 것은 이 기업들이 공급망에서 아동 노동을 말끔히 없앨 자금과 능력이 있다는 거예요. 그러니 제가 할 일은 피고 기업들이 소비자들에게 홍보한 아름다운 약속을 지키게 만드는 것뿐입니다. 우리의 사업에 아동 노동은 존재하지 않고, 아이들의 건강한 미래를 위해 최선을 다할 거라는 약속들 말이죠. 소비자인 우리가 물건을 구매하기 전에 기업들이 제공하는 정보를 검증하는 것은 공정한 일입니다.”

“그렇다면 평범한 소비자가 광산의 아이들을 위해 할 수 있는 일은 뭘까요?”

“2분 정도 시간을 내서 좋아하는 기업에 메일을 보내세요. ‘내가 당신들이 만든 제품을 쓰고 있는데 혹시 아동 노동으로 캔 코발트를 쓰고 있는 건 아니겠죠? 그런 기사를 봤는데 마음이 매우 불편하니까 정보를 알려주세요'라고 물어보세요. 그런 문의를 하는 사람이 10명, 100명, 100만 명이 된다면 기업도 무시할 수가 없을 겁니다. 무시해서 발생할 손실과 해결해서 발생할 비용을 저울질해 보겠죠. 테슬라의 가치가 1조 5천 억 달러이고 일론 머스크Elon Musk에게 6천 억 달러가 넘는 재산이 있다면, 코발트를 공급하는 중요한 지역에 뭔가 되돌려 줄 형편은 되지 않을까요? 환경에 이롭다는 전기 차의 혈액은 코발트거든요. 그러면 진짜 친환경 코발트를 만들어 보자고요. 그러니 기업들에게 그들이 아동 노동 문제를 진지하게 받아들이고 있음을 납득할 만하게 보여달라고 요구하세요. 만일 기업이 그렇게 하지 않는다면, 제품 구매를 보류하세요. 그게 바로 소비자 한 명, 한 명이 할 수 있는 일이에요."

"또 무얼 하면 좋을까요?"

"여러분이 뽑은 정치인들에게 편지를 쓰세요. 영향력 있는 조치를 취하도록 요청하는 거죠. 좋은 사례가 있습니다. 많은 대학생들의 요구로 뉴욕주 의회에서 새로운 법안이 발의됐어요. 아동 노동을 사용하지 않았음을 입증하지 못한 코발트 채굴, 생산 관련 기업에 공적 연금 투자를 금지하는 내용의 법안이죠. 저도 지난 달 의회에 가서 해당 법안에 대한 지지를 발표했어요. 여러분들에게는 직접 뽑은 대표가 있습니다. 그들은 우리에게 위임받은 입법 권한이 있고요. 개인이 특정 제품을 구매하지 않을 수도 있지만, 지역 정부와 국가는 더 큰 구매력을 갖고 있죠. 유권자들은 정부가 끔찍한 공급망을 거친 제품을 사지 않거나 그런 기업들에 투자하는 것을 막을 수 있는 권한이 있어요. 그러니 우리가 뽑은 대표들에게 우리의 뜻을 분명하게 알려야 합니다.”

“마지막 질문입니다. 이 긴 싸움을 계속하게 하는 동력은 무엇인가요?”

“좋은 질문 감사합니다. 전 세계 인권 변호사들의 네트워크가 있는데요. 그 친구들과 만나면 사건 이야기로 안부를 주고받다가, 대화 주제가 결국 소송 비용과 재정 문제에 대한 자조적 농담으로 흘러가요. 그러다 누군가 말하죠. 그럼 상대 로펌 중 한 군데에 당장 들어가. 그럼 수백만 달러 연봉을 받을 수 있잖아. 이 말에 다들 웃어대죠. 우리에게 돈은 동기부여가 될 수 없거든요. 그랬다면 진작 다른 길을 택했겠죠. 저에게 동기를 부여하는 것은 바로 사람들을 살피는 마음이에요. 인권 범죄를 피할 수 있도록 돕고 싶어서 인권 변호사의 길을 택했거든요. 종교적인 이

유는 아니에요. 그저 남을 도울 수 있는 능력이 있으니까 그 일을 하는 거예요. 정말 보람 있죠. 누군가를 돕기 위해 최선을 다했다는 생각이 들 때 돈을 벌 때보다 훨씬 큰 행복을 느껴요. 내 능력을 어디에 쓸지는 스스로 정하는 거잖아요. 법정에서 아이들을 죽게 하거나 불구로 만들며 이익을 누리는 기업들을 변호해 놓고, 집에 돌아가서 자기 자녀들을 무슨 낯으로 볼까요? 그 엄청난 정서적 괴리를 저는 받아들이기 힘들어요. 저라면 그 돈 못 받거든요. 선한 목적을 위해 내 인생을 쓰고 있다는 것이 저에게는 충분한 보상입니다."

"준비한 질문은 끝났습니다. 혹시 한국 시청자들에게 꼭 전하고 싶은 말이 있을까요?"

"모두 한 번쯤 생각해 봤으면 하는 게 있어요. 사실 글로벌 경제가 작동하는 방식에는 충분한 규제가 없습니다. 기업들은 미국이나 한국처럼 안전장치와 규제가 있는 나라들을 떠나 살인을 저지르고도 빠져나갈 수 있는 곳들을 찾아가요. 아시아, 아프리카의 저개발국가에서는 그들이 원하는 대로 뭐든 마음껏 할 수 있으며 정부도 이를 막을 수 없기 때문입니다. 어느 나라에서 한 세대의 아동 수만 명이 교육도 받지 못한 채 고된 노동을 해서 세계 원자재 공급의 한 축을 담당한다면, 우리도 글로벌 경제의 일부로서 책임감을 느껴야 합니다. 글로벌 경제 때문에 기후 위기도 발생하고 아동 노동도 존재하니까요. 그걸 막을 수 있는 나라는 없어요. 우리 모두가 인간으로서, 그리고 적극적인 소비자로서 행동할 때만 뭔가를 바꿀 수 있습니다. 콩고민주공화국에서 여전히 아이들이 일하고 있고, 그런 방식의 채굴이 세상을 망친다는 걸 누구나 알잖아요. 그럼 막아보려고 해야죠. 그런 사업을 벌이는 기업들 면전에서 부끄러운 것이 무엇인지 알려 줘야죠. 하지만 아무도 나서지 않고 그냥 내버려둔다면, 우리는 더 많은 재앙과 학대를 보게 될 겁니다. 다가올 기후 위기로 가장 크게 고통받을 사람들이 누구겠어요? 바로 코발트 광산에서 일하는 아이들, 서아프리카에서 코코아를 수확하는 아이들입니다. 그 아이들은 힘도 돈도 없어요. 어떤 일이 벌어지든 꼼짝도 못 할 겁니다. 우리가 돕지 않는다면 아이들은 상황을 바꿀 수 없어요. 그래서 저는 이 일을 계속 할 겁니다."

3 그 광산이 로스앤젤레스에 있었다면

1심 법원은 소송을 기각했다. 테리는 항소했고 2024년 3월 5일, 미국 연방항소법원의 판결이 내려졌다. 판결문은 다음과 같이 시작한다.

"코발트는 현대 전자기기를 구동하는 리튬 이온 배터리를 생산하는 데 필수적인 금속이다. 전 세계 코발트의 약 3분의 2는 콩고민주공화국에서 생산되며, 그중 일부는 안전하지 않은 환경에서 원시적인 도구로 작업하는 콩고 국민들의 비공식 채굴에서 비롯된 것으로 추적된다. 이러한 비공식 광부들 가운데 상당수는 극심한 빈곤으로 인해 노동에 내몰린 아동들이다. 본 소송은 콩고민주공화국에서 이루어진 비공식 코발트 채굴에 사용된 ‘강제 노동’에 대해 다섯 개의 미국 기술 기업에 법적 책임을 부과하고자 한다.”[32]

판사는 인신매매 피해자 보호 재승인법에 따라, 아동 노동을 직접 시키지 않더라도 아동 노동에 관여하는 ‘사업에 참여Participate in a venture’하는 행위 역시 불법임을 명확히 했다.

“인신매매 피해자 보호 재승인법은 강제 노동 금지를 포함한 연방 노예제 및 인신매매 관련 법률을 위반하는 행위에 가담했음을 ‘알았거나 알았어야 할’ 벤처에 참여함으로써, 그로부터 ‘가치 있는 무언가Anything of value’를 수령하는 방식으로 이익을 얻은 자에게까지 책임을 확장한다.”

테리는 바로 이 법에 근거해 소송을 제기했다. 기업들이 글로벌 공급망을 통해 코발트를 구매함으로써, 아동 노동에 책임이 있는 자회사들을 거느린 코발트 공급업체들과 하나의 사업에 참여했다고 주장한 것이다. 반면 기업들은 그러한 인과관계의 연쇄가 추측에 불과하며, 여러 제3자의 독립적인 행위를 거쳐 형성된 것일 뿐이라고 반박했다. 즉 콩고민주공화국에서의 아

---

32 Opinion, 〈John Doe 1, et al. v. Apple Inc., et al., No. 21-7135〉, Mar 5, 2024. / 이하 소
    송 인용 장면 모두 상동.

동 노동 문제에서 자신들은 실제 가해자들과 단절된 위치에 있으며, '대체 가능한 금속Fungible metal'의 최종 구매자에 불과하므로 공급망 최하단에서 발생한 일에 책임이 없다는 주장이었다.

연방항소법원은 원고들이 강제 노동으로 인한 사실상의 침해Injury in fact와 인과관계를 입증했으며, 이에 대한 피고들의 반론은 설득력이 없다고 판단했다. 아동 광부들과 피고 기업들 사이에 헌법 제3조에 근거한 '상당한 인과관계로 추적 가능한 연결고리'가 존재한다고 본 것이다. 동시에 재판부는 글로벌 공급망을 통해 불특정한 양의 코발트를 구매하는 행위는 인신매매 피해자 보호 재승인법에서 말하는 '사업에 참여Participate in a venture'에 해당하지 않는다는 결론을 내렸다. 피고 기업들이 코발트 공급업체의 지분을 보유하거나 이익 및 위험을 함께 나누지 않기 때문에 양측은 '판매자'와 '구매자'로서 거래를 했을 뿐이라는 이유에서였다. 즉 코발트 공급망에서 아동 노동은 모두가 인지할 만큼 분명히 존재하나, 공급업체로부터 코발트를 정기적으로 조달하는 행위만으로는 불법적인 사업Venture에 참여했다고 볼 수 없다는 것이 법원의 결론이었다. 항소는 기각되었다. 그런데 판세가 이미 기운 것이 보였던 재판 중반, 판사가 질문을 던졌다.

"이런 의문은 듭니다. 기업이 콩고민주공화국 광산에 만연한 불법적인 아동 노동이 지속되고 있다는 통지를 받았다면 어째서 다른 공급업체를 선택하지 않았나요?"

다섯 개 피고 기업을 대신해 변론에 나선 마이크로소프트의 변호사가 대답했다.

"피고는 문제 개선을 위해 실제로 노력하고 있습니다. 누가 그것에 인과적으로 책임이 있는지 여부와는 매우 별개의 문제입니다."

"이 사건의 경우, 콩고민주공화국 광산에서 강제 노동과 가혹한 관행이 일상적으로 일어난다는 사실을 관계자 모두가 전반적으로 인지하고 있다는 점을 봐야 합니다. 그렇기에 피고 역시 이 문제를 근절하기 위해 노력하고 있고요."

"문제 사실을 어느 정도 인지하고 있었다는 이유로 고소가 가능하다면, 거기에 해당될 대상은 끝이 없습니다. 전 세계 코코아 산업과 고무 산업도 마찬가지고요."

"문제의 광산이 지구 반대편에 있다는 사실이 이 사건을 판단하는 데 있어 어느 정도로 중요한가요? 만약 피고 기업이 로스앤젤레스의 아동 노동 착취 공장에서 직접적으로 상품을 공급받는 것을 인지하고 있고, 그로부터 이익을 얻는다고 가정한다면 그 경우는 좀 다른 느낌이 들거든요.”

로스앤젤레스 아이에게는 그런 일이 결코 일어날 수 없다. 소비자들이 용납하지 않을 것이고, 기업은 감히 시도하지 않는다. 그러나 로스앤젤레스 아이와 콜웨지 아이의 생명의 가치는 다르지 않다. 사실일까? 우리는 정말 그렇게 생각할까? 현실에는 더 이상 존재하지 않는 듯한 지극한 상식을 토대로 테리는 여전히 싸우고 있다. 로스앤젤레스 아이에게 일어날 수 없는 일은 콜웨지 아이에게도 일어나서는 안 된다. 로스앤젤레스 공장에서 아동을 착취한 것이 회사 문을 닫을만한 엄청난 스캔들이 된다면, 콜웨지 광산에서 아동을 착취한 것에도 우리는 놀라고, 분노해야 한다.

스티브 잡스_{Steve Jobs}는 자녀들이 아이패드를 사용하지 못하게 했고, 첨단 기술의 산실인 실리콘밸리에서는 ‘숲 유치원’이나 스마트기기 사용이 금지된 사립 학교가 인기를 끈다. 누구나 알고 있다. 다섯 살 아이에게 코발트는커녕, 태블릿 PC조차 몸에 좋을 리 없다는 것을. 그래서 테리는 계약서 한 장 없이 죽고 다친 아이들을 대신해 복잡한 국제 공급망에서 인과관계를 찾아 '몰랐다'는 사람들에게 책임을 묻고자 한다. 가장 가난한 사람들에게 줄 비용을 극도로 아껴서 극도로 큰 부를 이루고 있는 가장 부유한 기업들이 그의 상대다.

올해 70세가 된 테리 변호사는 여전히 현역이다. 2025년, 그는 애플과 테슬라를 상대로 소비자보호 소송을 제기했다. 콩고민주공화국에서 아동 노동을 사용하고 환경을 오염시키는 기업들이 원자재를 윤리적으로 조달하고 지구에 헌신한다고 주장하여 소비자들을 오도하고 있다는 이유에서였다. 미국 소비자보호법에 의하면 소비자들은 제품의 품질, 원산지 및 제조 방식에 대한 정확한 마케팅 정보를 제공받을 권리가 있다. 테리는 이를 근거로 아동 노동을 방조하는 기업들의 기만적인 마케팅 및 광고에 대한 금지 명령을 청구했다. 테슬라의 주식을 보유한 테리는 주주총회에도 참석했다. 발언 기회를 얻은 그는 일론 머스크가 콩고민주공화국에서 코발트를 캐는 아이들에게 관심이 있다면 테슬라의 마법 같은 기술을 동원해 광산마다 드론을 띄워 그

실상을 연중무휴로 지켜볼 수 있을 것이라 말했다.

"하지만 테슬라는 그렇게 하지 않았습니다. 정말 관심이 있다면 간단한 일이거든요. 그들은 그곳이 얼마나 끔찍한지 알고 싶어 하지 않습니다. 알면 책임을 져야 할 테니까요."

애플의 시가총액은 4조 달러, 테슬라는 1조 5천 억 달러가 넘는다. 2025년 애플 CEO 팀 쿡은 총 보상 기준 하루 약 20만 달러를 벌었고[33], 테슬라 CEO 일론 머스크의 자산은 하루에 약 8억 달러씩 '증가'했다.[34] 이미 보유한 돈에 손대지 않고도 코발트 광산에서 일하는 아이들 4만 명에게 매일 2만 달러를 줄 수 있는 돈이다. 아동 노동은 어쩌면 해결할 엄두를 못 낼 만큼 큰 문제가 아니라, 해결할 필요가 없는 하찮은 문제였던 게 아닐까? 종종 일론 머스크는 인류의 미래를 걱정하며 화성 탐사의 필요성을 강조한다.

"화성은 인류 전체를 위한 생명 보험과 같습니다. 결국 지구상의 모든 생명체는 태양에 의해 파괴될 것입니다. 태양은 점차

---

33 Jordan Hart, 〈Here's how much Apple CEO Tim Cook made last year〉, Business Insider, January 10, 2026.

34 Ty Roush, 〈Elon Musk's Net Worth Ends 2025 At $726 Billion-More Valuable Than Belgium, Oracle, More〉, Forbes, December 31, 2025. Chase Peterson-Withorn, 〈Forbes World's Billionaires List 2025: The Top 200〉, Forbes, April 1, 2025.

팽창하고 있기 때문에, 지구가 불타 없어질 시점에는 다행성 문명이 되어야만 합니다."[35]

그 '생명 보험'이 보호하는 인류는 누구일까? 지구가 불타 없어지는 상상을 하는 동안, 현실에서는 오늘도 아이들이 죽어간다. 산업화 대비 지구 기온이 2℃도 채 오르지 않은 지금, 이미 생존에 실패한 이들은 그가 말하는 '인류'에서 탈락한 걸까?

테리의 목표는 싸움에서 끝장을 보는 것이 아니다. 그는 언제든 기업이 소송보다 협력을 택하기를 기다리고 있다. 호화 변호인단을 꾸려 법적 방어에 자원을 쏟는 대신, 진짜 해결책을 찾는 데 시간과 돈을 쓰길 바라는 것이다. 실제 그가 세운 IRA^{International Rights Advocates}는 소송 제기 20년 만에 인도네시아 천연가스 시추 현장에서 엑슨모빌^{Exxon Mobil}과 마을 주민들의 합의를 도출해 냈고, 소니^{SONY}가 말레이시아 하청업체의 부당 노동 관행을 바로잡도록 이끌었다.[36] 몰라도 그만인, 아주 먼 곳에

35 Jesse Watters Primetime, 〈Mars is life insurance for life collectively, says Elon Musk〉, Fox News, May 5, 2025.

36 International Rights Advocates, 〈Cases〉, accessed March 26, 2026, https://www. internationalrightsadvocates.org/cases.

서 일어나는 고통에 관심을 기울인 사람들 덕분에 알만한 기업들은 그곳에서 더 이상 20년 전처럼 행동하지 않는다.

테리가 버는 돈은 30년 전 기업을 떠날 때보다 적다. 수천km 떨어진 곳의 노동조합, 시민단체가 도움을 요청해 오면 현장 조사를 직접 가야 하고 증인을 법정에 출석시킬 비용을 마련하느라 허리띠를 졸라 매야 한다. 그는 '비교적' 쉬운 길을 가지 않았다. '비교적' 인권을 중시하는 듯한 기업들의 파트너가 되고 진보적 재단의 후원을 받아 인권계의 스타가 될 기회는 많았다. 그러나 중국 기업과 그 하청의 하청에게 아동 노동의 비난을 집중시키고 미국 기업과 함께 인권 캠페인을 펼치는 선량한 수호자의 길을 그는 택하지 않았다. 그 길을 갔다면 보장되었을 명성과 부는 없다. 그는 언제나 가장 크고, 유명하고, 업계에서 최종 의사 결정권을 가진 기업들에 맞섰기 때문이다. 때때로 상대는 그가 합의금을 갈취하기 위한 조직범죄를 주도한다며 역으로 소송을 걸어왔다. 인생을 망치고 싶지 않으면 감히 맞서지 말라는 경고였다. 그의 가장 큰 후원자가 되었을 기업들을 법정으로 불러낸 덕분에 테리는 풍족한 노후와는 거리가 먼 삶을 살고 있다. 그럼에도 그는 자신이 세상에 가져온 '변화'가 변호사로서 이룰 수 있는 엄청난 성취라고 말한다. 노예와 같은 삶을 사는 이들의 이야기를 널리 알렸고, 이를 통해 기업의 손해 보상과 정책 변화를 이끌어 내 수많은 사람들을 비참한 현실에서 구해냈기 때문이다.

세계 전자제품에 혈액을 제공하는 곳에 아이들을 위한 예쁜 학교가 세워지고, 광산에서 안전한 작업 환경과 공정한 임금이 제공되는 것이 그토록 불가능한 일일까? 도저히 어디서 손을 대야 할지 모를 만큼 대단한 기술 또는 기적이 필요한 일일까? 아닐 것이다. 문제가 더 시끄러워지면 아마도 그들은 '소비자'의 부담이 늘어날 거라며 이쪽을 슬쩍 쳐다볼 것이다.

"스마트폰 가격이 올라갈 텐데, 지금 가격에 전기 차를 못 탈 텐데 괜찮으시겠어요?"

그 아이들이, 괜찮아 보이세요?

그곳에서 아이로 태어나도 괜찮으시겠어요?

지금 이 세상이, 당신은 괜찮나요?

4장.
쓰레기산

1 단풍잎과 말굽자석

미지근한 장맛비가 흩날리는 어두운 아침이었다. 여의도에서 봉고차를 타고 20분, 인적이 드문 도로에 가끔 보이는 것은 농원과 창고가 전부였다. 제대로 찾아온 게 맞나 하고 조금 걷다 보니 풀숲에 수북이 쌓인 낡은 자전거가 보였다. 홀린 듯 방향을 틀어 들어간 공터에는 버스만 한 크기의 컨테이너 수십 개가 놓여있었다. 그곳은 마치 논밭 사이에 들어선 조그마한 무역항과 같았다.

컨테이너 사이사이 바닥을 빼곡히 채운 건 온갖 낡은 전자제품들이었다. 에어컨 실외기, 트레드밀, 전자레인지, 청소기, 세탁기, 테이프가 들어가는 구형 오디오 플레이어까지 종류는 다

수출용 컨테이너에 담긴 고장 난 전자제품들

양했다. 그러나 어느 것이든 홀딱 젖은 신세는 똑같았다. 판자처럼 포개진 텔레비전에는 포장용 테이프만 칭칭 감겨있을 뿐, 손바닥만 한 천 하나 덮여있지 않았다. 비 맞은 노트북, 태블릿이 선풍기와 뒤엉켜 쌓인 곳에는 바나나 껍질 위로 새카만 파리 떼가 윙윙댔다. 오늘 산 아이패드도 여기 두면 금세 고장 날 것만 같았다.

오전 10시, 40t 컨테이너의 문이 열리고 열다섯 명의 나이지리아인들이 전자제품들을 테트리스 하듯 빈틈없이 채워 넣기 시작했다. 컨테이너 안쪽이 어느 정도 채워지자, 그들은 에어백이 터지고 바퀴가 빠진 자동차 한 대를 통째로 넣었다. 그 역시 빈 차가 아니었다. 좌석은 텔레비전과 커피머신, 선풍기로 꽉 채워져 있었고, 남은 빈틈은 프라이팬, 신발이 메웠다. 한국에서는 무료 나눔조차 어려운 상태의 물건들이었지만, 컨테이너 한 대마다 운임을 내는 수출입 업자들은 무엇이든 접고 포개고 눌러 담아 최대한 많은 물건을 싣고자 했다. 그러나 에어백이 터진 자동차와 찌그러진 꽃무늬 냉장고를 보며 나는 그들의 사업 모델에 의구심이 들었다.

"물건이 고장 났는지 작동하는지 확인하셨어요?"

"아니요. 안 합니다."

수출용 컨테이너에 실릴 고장 난 자동차와 전자제품들

"저 텔레비전들은 완전히 물에 젖었는데 어떻게 팔려고 그러세요?"

"상관없어요. 나이지리아에서는 부품을 다 뜯어서 팔아요. 특히 잘 팔리는 게 스크린이고요. 많은 나이지리아인들이 수입된 중고 텔레비전을 쓰는데, 고장 나도 한국처럼 공식 서비스센터에서 수리를 받을 수가 없거든요. 그래서 중고 스크린을 구하는 사람들이 많아요. 그러니까 고장이 났든 안 났든 상관없죠. 보세요. 여기 노트북들도 다 고장 난 거예요. 그래도 나이지리아에서는 팔립니다. 물론 한국에서는 당신에게 이런 물건을 팔 수 없겠죠."

"그럼 한국에서 스크린만 떼어 가면 되지 않나요?"

"제품 상태를 하나하나 살펴서 쓸만한 부품만 떼어내려면 시간이 너무 걸려요. 통째로 가져가는 편이 운반하기도 좋고요."

"그렇군요. 나이지리아에서 스크린을 떼어내고 남은 부분은 어떻게 하나요?"

"팔 건 팔고, 버릴 건 버리죠."

사실상 사망 판정을 받고 수출길에 오른 물건들, 그 여정을 따라가 보기로 했다. 경기도 고양을 떠난 컨테이너가 향한 곳은

나이지리아의 라고스Lagos로, 매년 약 6만t의 중고 전자제품이 선진국을 떠나 이곳으로 온다.[37]

아프리카에서 가장 빠르게 팽창하는 도시인 라고스는 인구가 약 2천만 명인데, 이들을 감당하기에도 부족한 도시 인프라는 매일 약 2천 명의 사람들이 이주해 오며 혼돈 상태에 빠져있었다. 라고스에서 일주일, 이미 교통 체증에는 익숙해졌다. 내비게이션의 숫자에 희망을 걸지 말 것, 오전과 오후를 나눠 계획을 잡지 말 것, 구체적인 시간 약속도 하지 말 것, 찢어질 듯한 경적 소리가 들리면 뭔가 움직이고 있다고 긍정적으로 생각할 것, 그냥 눈을 감아버릴 것. 이런 마음가짐으로 해 뜰 무렵 숙소를 나서고 운도 따르면, 해 질 무렵 겨우 한 군데 촬영을 그럭저럭 마치고 돌아올 수 있었다. 그러나 이날은 달랐다. 알라바 마켓Alaba Market에 진입하는 도로는 라고스인 것을 감안하고도 너무 많은 '움직이는' 사람, 너무 많은 '움직이지 않는' 차, 그 사이로 너무 많은 물건들이 널브러져 있어 옴짝달싹할 수 없었다. 촬영 감독, 통역가, 경호원과 함께 나는 차를 버리는 심정으로 거리

---

37 A.O. Odeyingbo, I.C. Nnorom and O.K. Deubzer, 〈Used and waste electronics flows into Nigeria: Assessment of the quantities, types, sources, and functionality status〉, Science of The Total Environment 666(2019): 103–113.

라고스 알라바 마켓

로 나왔다.

　머리 위에 포개진 텔레비전, 손수레에서 떨어질 듯 위태롭게 쌓인 청소기, 삼륜차의 천장에 묶인 선풍기, 걸어가는 상인의 옆구리에 끼워진 에어컨까지 피해야 할 것들이 거리에 가득했다. 가게와 도로의 구분도 모호했는데, 파는 것인지 버리는 것인지 알 수 없는 텔레비전, 컴퓨터, 휴대전화 같은 것들이 점포 앞마다 빽빽하게 쌓여있었기 때문이다. 매장 수만 5천 개, 서아프리카 최대의 중고 전자제품 시장인 알라바 마켓의 첫인상은 '전자 지옥'이었다. 우리가 만들고 사고 버린 전자제품들이 죽지 않고 아우성치는 곳, 잠시 한눈을 팔면 날카로운 스크린에 치이고 무너지는 냉장고에 깔릴 것만 같은 그런 지옥.

판매하는 '상품'은 다양했고 출신국도 마찬가지였다. 상인들의 입에서는 미국, 영국, 독일이 자주 나왔는데, 몇몇은 한국과 일본을 말하기도 했다. 한국에서 왔다 하니 '삼성 굿', '엘지 굿'이라며 웃어 보이는 사람도 있었다. 여기서는 이런 저런 부품을 갈아 끼운 3만 원 언저리의 노트북이 흔했고, 그런 '하이브리드' 제품을 사려는 사람들로 시장은 발 디딜 틈 없이 분주했다. 게다가 중고 매장은 수리점을 겸하고 있었다. 좁은 골목은 저마다 부품을 자르거나, 붙이거나, 갈아대는 기계 소리가 말소리를 압도했다.

중고 시장의 전자제품들

“이 물건들이 안 팔려서 재고가 쌓이면 어떻게 하세요?”

낡은 휴대전화 수백 대가 포개진 선반 앞에서 노트북의 나사를 풀던 남자가 대답했다.

“고물상들이 가져가요. 시장 근처에 재활용하는 사람들이 많거든요.”

작업대 옆에는 스크린이 깨진 텔레비전, 부품이 떨어져 나온 프린터와 스캐너가 쌓여있었다.

“그럼 이런 것들은 어디로 가나요?”

“버려야죠.”

“수입업자에게 살 때는 물건이 멀쩡했어요?”

“물건을 한 번에 2, 3천 개씩 도매로 사는데 돈을 내기 전에는 컨테이너 안에 뭐가 들었는지 확인할 수가 없어요. 그래도 어떤 건 고쳐서 비싸게 팔 수 있으니까 괜찮아요.”

“도매로 산 제품들 중에 팔기 힘든 것은 보통 얼마나 되나요?”

“많을 때는 50% 정도죠.”

그날도 비가 내렸다. 아이들을 만난 곳은 알라바 마켓 근처의 공터였다. 시장에서 버려진 온갖 전자제품들이 섞여 산처럼 쌓

중고 시장 근처에 쌓인 전자 폐기물

여있는 곳이었다. 흐르는 것이 땀인지 빗물인지 아이들의 얼굴은 축축이 젖어있었다. 아이들은 플립플롭을 신은 채 부풀어 오른 배터리, 부서진 모니터와 에어컨, 녹이 슨 장난감 기타 위를 걸어 다니며 값나가는 금속을 찾기에 여념이 없었다. 다들 바닥의 쇠붙이에 달라붙은 양 등은 말굽자석처럼 굽어있었다.

미끄러지기를 수차례, 나는 네 발로 기어 겨우 아이들 곁에 섰다. 비에 젖은 깨진 모니터를 집어 드니 '감전의 위험이 있으므로 제품의 커버를 열지 마십시오'라는 한글 문구가 선명히 보였다. 잠시 서있었을 뿐인데 신발창 아래 날카로운 금속과 삐죽삐죽한 플라스틱 조각이 느껴졌다. 발을 헛디뎌 어느 틈에 빠진다면 서울에서 맞은 파상풍 예방주사가 목숨은 살려주지 않을까 하는 헛된 상상을 하게 되는 곳이었다.

깨진 모니터의 한글 문구

열세 살 사기르는 여기서 일하는 아홉 명의 아이들 중 하나였다. 열 살 누라부터 열여섯 살 아미누까지 아이들은 얼핏 보면 동료였지만 실상은 경쟁 관계에 있는 개인 사업자들에 가까웠다. 아이들은 폐기물 더미에서 남보다 먼저 전선, 모터, 액정, 회로기판처럼 돈이 되는 것을 찾아내기 위해 경쟁했다. 그걸 주워 '보스'라 불리는 어른에게 가져가는 만큼 돈을 벌 수 있었다. 그러나 이 폐기물 더미에서 그런 것을 찾기란 쉽지 않았다. 쓸모 있는 부품은 이미 중고 시장의 어른들이 뜯어냈고 그들이 버린 껍데기가 쌓인 곳이 아이들의 일터였기 때문이다.

녹슬고 부서진 전자제품 잔해를 헤집던 사기르의 손에 비교적 멀쩡해 보이는 키보드가 걸려들었다. 그러나 아이는 키보드의 뒷면을 한번 살펴보더니 비탈 아래로 내던져버렸다.

"이런 건 쓸모가 없어요."

"이런 게 어떤 건데요?"

"플라스틱만 있는 거요. 뜯어서 팔 게 하나도 없거든요."

순간 가나 중고 시장 옆의 거대한 옷 무덤이 떠올랐다. 옷이든, 전자제품이든 전 지구를 떠돌며 생산과 소비의 떠들썩한 파티가 끝나고 나면 늘 마지막에 남는 것은 플라스틱이었다. 쓰레

아이들의 일터

기를 주워 생계를 잇는 사람도 눈길을 주지 않는 합성섬유처럼 플라스틱 외장재는 썩지도 않고 이 땅을 더럽히고 있었다.

"하루에 얼마나 벌어요?"

"보통 2, 3천 나이라(약 3천 원) 정도요. 운이 좋으면 5천 나이라를 벌기도 해요."

"몇 시간이나 일하는데요?"

"오전 6시에 와서 보통 밤 10시까지요. 어떤 때는 자정까지도 일해요."

"거긴 어쩌다 그랬어요?"

반바지 아래 드러난 아이의 다리에는 무언가에 베인 듯한 빨간 상처가 벌어져 있었다. 사기르는 대수롭지 않다는 듯 말했다.

"폐기물이 담긴 자루를 메고 여기에 오르다가 넘어졌어요."

"병원은 가봤어요?"

"아니요."

"장갑이라도 끼지 그랬어요?"

통역가의 걱정 어린 잔소리에 사기르는 모터를 뜯어내던 손을 멈추고 우리를 올려다보았다.

"장갑을 구할 형편이 안 돼요. 저는 학교도 못 가요. 이 일을

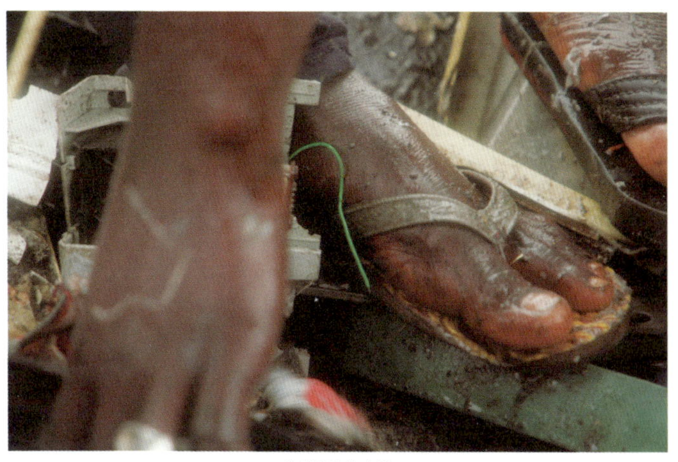

아이들의 손과 발

해서 스스로 생계를 꾸리고 있어요."

사기르는 부모를 잃고 고향 소코토^{Sokoto}를 떠나 라고스로 왔다. 그날 전자 폐기물 더미에서 만난 아이들은 모두 북부의 소코토, 카치나^{Katsina}, 잠파라^{Zamfara}, 카두나^{Kaduna} 지방 출신으로, 라고스에서 널리 쓰이는 영어와 요루바어를 하지 못했다. 북부 지방은 나이지리아 농산물 생산의 70%를 담당하는 곡창지대지만, 최근 기후 변화로 사막화가 심해지고 우기에 비가 내리지 않으면서 식량 위기가 고조되고 있었다. 북부 주민들이 대대로 물려받은 농장을 포기하고 떠나는 이유는 역설적으로 '먹고살기 위해서'였는데, 부모를 잃은 아이의 사정이야 말할 것도 없었다. 그렇게 모여드는 사람들로 라고스의 인구는 나날이 폭증하고 있었다. 결국 전자 폐기물 처리와 같은 비공식 일자리를 채우는 것은 이 도시에서도 마음 편히 발붙일 곳 하나 없는 아이들이었다.

폐기물 언덕을 여기저기 헤집던 아이들의 움직임이 점점 느려졌다. 돈이 될만한 것들을 거의 다 뜯어낸 모양이었다. 곧 아이들은 수레를 끌고 중고 시장으로 향했다. '먹을 것이 있는 쓰레기'를 모으러 떠난다고 했다.

여정은 끝나지 않았다. 물건들은 마침내 '재활용'이라는 마지막 목적지에 다다랐다. 손과 망치로 뜯어낼 것은 다 뜯어냈고, 이제 불을 붙이는 일만이 남았다. '먹을 것'이 얼마 없는 이 일은 사기르보다 더 어린 아이들의 몫이었다. 또 다른 '보스'가 전선 더미와 부품 조각을 내던지며 아이들을 불렀다.

"일하기 싫어? 빨리 불 붙여."

"야, 라이터 빨리 가져와. 돈 안 받을 거야?"

벼락같은 고함이 쏟아졌고 통역가는 띄엄띄엄 말을 전했다. 그는 그 말을 차마 다 옮길 수 없다고 했다.

"어머니에 관한 욕설이에요. 그냥 계속 욕하는 거예요. 방송에 절대 쓸 수 없는 말이고요."

열 명 남짓한 아이들이 동그랗게 모여 앉아 라이터를 켰다. 불이 잘 붙지 않자 아이들은 스티로폼 조각을 가져다 넣고는 단풍잎만 한 손으로 불씨를 감쌌다. 몇 번의 시도 끝에 불이 타오르자 아이들의 표정이 밝아졌다. 그러나 곧 시커먼 연기가 금세 아이들의 몸을 집어삼킬 듯 뿜어져 나왔다. 여섯 살 무하메드는 팔로 얼굴을 가리며 형들 뒤로 물러섰다. 아홉 살 살리수는 연기 한가운데로 들어가 꼬챙이로 폐기물 더미를 휘저어서 불이 더 잘 타오르게 했다. 짙은 연기에 미간을 잔뜩 찌푸리면서도 아이

전자 폐기물에 불을 붙이는 아이들

는 자리를 떠나지 못했다. 전자제품을 소각하면 납, 카드뮴과 같은 중금속, 다환 방향족 탄화수소, 다이옥신 등의 발암물질이 배출되어 호흡기와 면역 체계를 손상시키고 만성 질환을 유발한다. 특히 성장 중인 아동은 독성 물질에 신체가 매우 민감하게 반응하여 더욱 치명적인 피해를 입는다.[38] 이 모든 나쁜 일들이 일어나는 곳은 범죄 현장이 아닌 '재활용 마을'이었다.

타버린 전선의 열기가 식기도 전에 아이들은 맨손으로 쇠붙

---

38 D.N. Perkins, M.N. Brune Drisse, T. Nxele and P.D. Sly, 〈E-waste: A global hazard〉, Annals of Global Health 80(2014): 286–295.

이를 주워 모았다. 머리 하나가 작은 무하메드는 촘촘히 쪼그려 앉은 아이들 사이에 비집고 들어갈 수가 없었다. 아이는 무릎을 땅에 대고 몸을 낮춰 형들의 다리 사이로 손을 뻗어보았다. 큰 아이들이 성가신 듯 팔꿈치로, 어깨로 그 작은 아이를 밀쳐냈다. 하지만 몇 번이나 나동그라져도 무하메드는 울지 않았다. 아이는 형들이 매섭게 쏘아볼 때마다 되레 웃어 보였다. 싸움을 시작하기도 전에 배를 뒤집어 보여주는 강아지처럼, 모욕을 당해도 일터에서 웃어 보여야 하는 어른들처럼 아이는 이미 생존의 방식을 터득한 터였다. 눈꼬리를 순하게 내리고 활짝 웃는 그 얼굴에 자꾸 눈이 갔다. 하나도 즐겁지 않은데 온 힘을 다해 웃고 있는 아이는 언제 저렇게 자라버렸을까.

"보세요. 이건 자석이에요."

살리수는 부러진 말굽자석을 자랑스레 들어 보였다. 그리고는 자기만의 요령이라도 보여주려는 듯 바닥의 잿더미에 자석을 휘저어 내 눈앞에 내밀었다. 자석 끝에는 조그마한 금속 조각들이 붙어있었다. 마치 선생님의 칭찬을 바라는 듯한 아이의 천진난만한 눈빛에 순간 나는 어처구니없게도 '우와' 하며 엄지를 들어 올렸다. 학교에 가본 적이 없는 살리수에게 말굽자석은 숨

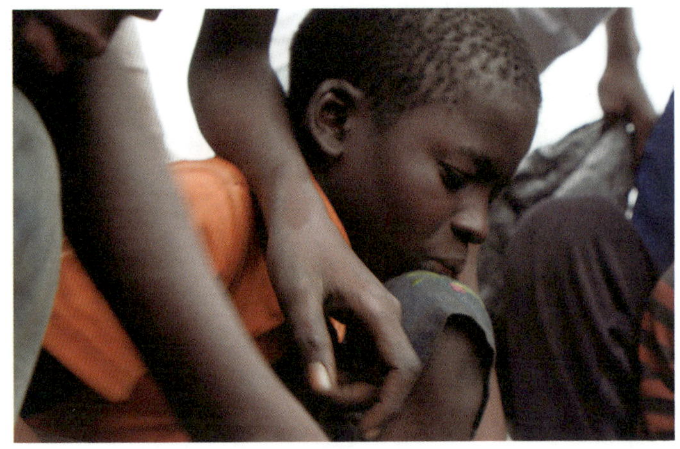

무하메드

은 고철을 한 톨이라도 더 찾아내기 위한 작업 도구일 뿐이었다.

꼼꼼한 일머리에 야무진 손을 가진 살리수는 아홉 살이었다. 내가 10분짜리 편집도 제대로 못해 괴로워하던 막내 PD 시절에 살리수는 태어났다. 그런 아이가 벌써 고향을 떠나 종일 연기를 마시며 뜨거운 불 앞에서 일하고 있었다. 같은 해 태어난 조카는 얼마 전 초등학생이 되어 첫 스마트폰을 선물 받았다. 곧 교실에서 학습용 말굽자석을 이리저리 움직이며 자석의 원리도 배울 것이다. 조카가 보낸 문자메시지를 보며 '아기인 줄 알았는데 언제 이렇게 커서 글자도 잘 쓰네' 하고 놀랐던 나는 이곳의 아이들이 여섯 살이든 열다섯 살이든 아무도 글을 읽지도 쓰지도 못한다는 사실에 또 놀랐다. 그러나 살리수는 구리, 철, 알루미늄, 아연 조각을 정확히 구분했고 무게별 시세도 줄줄 외웠다.

"이건 구리고, 1kg을 모으면 2,500나이라(약 2,500원)를 받을 수 있어요. 철은 1kg에 1,200, 아연은 1,500, 알루미늄은 2,500나이라예요."

"몇 시부터 몇 시까지 일해요?"

"새벽 6시에 와서 저녁 8시에 집에 가요."

"집에 가면 뭘 하는데요?"

"그냥 자요."

"여기에 와서 일하는 게 평소 일과인가요?"

"네. 이게 제 직업이에요."

해 질 무렵이 되자 아이들은 쇠붙이로 불룩해진 자루를 어깨에 짊어진 채 창고 앞에 줄을 섰다. 제 몸만 한 자루를 끌고 온 무하메드는 검은 재가 묻은 손으로 연신 눈가를 비비고 있었다. 창고의 청년은 자루를 하나씩 받아 아이들 머리만 한 쇠갈고리에 걸었다. 아이들의 눈이 모두 저울의 바늘을 향했다. 구리 1.5kg, 알루미늄 2kg, 니켈 3kg… 아이들의 하루는 금속의 무게로 값이

전선에 불을 붙이는 아이들의 손

매겨졌다. 살리수는 종일 채운 자루를 3천 나이라로 바꿔서 집으로 돌아갔다. 형들의 팔꿈치에 치여가며 고철을 모은 무하메드는 700나이라를 받아 주머니에 넣었다. 잠시 눈을 붙인 아이가 날이 밝으면 올 곳은 매일 똑같았다. 부유한 나라에서 내놓은 전자제품은 이처럼 가난한 아이들의 손으로 청소되고 있었다. 죽은 전자제품을 뜯고, 긁어내는 발골에 맨몸으로 뛰어든 아이들이 바로 세계 전자제품 재활용 시장의 마지막 고리였다.

2   좀비 줄게,
아이 다오

모니터가 가득한 사무실에서 직원들이 수출입 문서를 확인하고 있었다. 창밖에 줄을 선 수십 명은 수입품 통관에 문제가 생겨 세관을 찾아온 사람들이었다. 그러나 라고스 최대 규모의 아파파Apapa 항구 세관에서 전자 폐기물과 관련해서는 좀처럼 어떤 민원도, 사건도 일어나지 않았다. 세관의 수석감독관 이브라힘에 따르면, 수입이 원천적으로 차단되어 있기 때문이었다.

"전자 폐기물을 나이지리아로 수입하는 것은 완전히 불법입니다. 수입 금지 품목에 명시되어 있죠. 세관에서 전자 폐기물을 발견하면 압수해 폐기하고 수입자를 체포할 겁니다."

"그럼 중고 전자제품은요? 세관에서 중고품과 폐기물을 나누는 기준이 있나요?”

“똑같습니다. 모든 중고 전자제품, 전자 폐기물은 수입이 금지되어 있습니다.”

순간 귀를 의심했다. 세관에서 멀지 않은 곳에 서아프리카 최대의 중고 시장이 영업 중인데 이게 무슨 말이지?

“알라바 마켓에 가보니 수입된 중고 전자제품들이 아주 많던데요.”

“글쎄요. 다른 물품으로 위장을 하거나 숨겨서 들어오면 우리가 찾아내기 어렵죠.”

수입업자들의 수법에 대해 질문하기도 전에 그는 다 알고 있다는 듯, 그러나 어쩔 수 없다는 듯 맥 빠지는 대답을 내놓았다.

“세관에서 실제로 컨테이너를 열어 보기도 하나요?”

“미심쩍은 화물이 있으면 수입업자를 불러서 물건을 검사합니다. 다시 말하지만, 그런 일은 거의 없어요. 아주 가끔 중고 전자제품이 담긴 자동차를 적발하는데, 그럴 경우 전부 압수해서 폐기합니다. 매우 드문 일이죠.”

그게 바로 고양에서 본 ‘토쿤보Tokunbo’였다. 토쿤보는 ‘해외에서 온 것’을 뜻하는 요루바어로, 중고 시장에서는 폐전자제품이

실린 중고차를 가리키는 은어로 통했다. 중고차가 수입 품목으로 적법하게 세관에 신고되면, 시트와 짐칸에 꽉 찬 고장 난 전자제품들은 마치 아무도 못 본 척 시장까지 흘러들 수 있었다. 고양에서 만난 나이지리아인들은 40t 컨테이너 하나를 채우는 작업을 일주일에 두세 번은 한다고 했다. 세관에서 매번 검사하고 압수했다면 있을 수 없는 일이다.

"저는 그 물건들은 '좀비 가전'이라 부릅니다. 살아보겠다고 발버둥치지만, 이미 하역될 때부터 수명이 다한 것들이 대부분이죠. 선진국에서는 이미 금지된 냉매, 합성화합물이 사용되었거나 제품의 성능이 다 해서 금방 버려야 하는 물건들입니다. 결국 여기에서 쓰레기가 되죠. 기분이 아주 씁쓸해요. 여러분의 뒤뜰에 두고 싶지 않은 것들이 다른 이의 뒤뜰에서는 유용할 것이라는 이중 잣대 아래 이 모든 것이 돌아갑니다."

레슬리 아도가메Leslie Adogame 박사는 좀비 가전의 수출국에서 온 나를 반갑게 맞이했다. 그는 의사이자 환경보건학자로 세계의 북쪽에서 남쪽으로 이동하는 전자 폐기물로 인한 보건 문제를 연구해 왔다. 그는 님비NIMBY-Not In My Backyard(내 뒷마당에는 안 된다) 현상을 비틀어 전자 폐기물 무역의 현실을 꼬집었다. 생산자로서든, 소비자로서든, 폐기자로서든 어떤 물건이 더 이상 경제에 유용하지 않다고 판단되면 선진국들은 그 물건이 조용히, 또 조속히 나라를 떠날 수 있도록 최선을 다한다는 것이었다.

"그래도 수입된 중고 전자제품이 나이지리아에서 쓸모가 있는 건 사실 아닌가요?"

"선진국들이 마음 편하게 전자 폐기물을 여기로 보내는 이유죠. 하지만 우리는 다 똑같은 인간이잖아요. 한국인들에게 유해한 물질은 나이지리아인들에게도 유해합니다. 생명과 건강에 관한 한, 우리는 인간으로서 서로를 바라봐야 해요."

나이지리아는 국가 간 유해 폐기물 이동을 규제하는 바젤 협약Basel Convention의 비준국이다. 즉 수리 가능성이 없는 고장 난 전자제품을 수입해서는 안 된다. 한국도 마찬가지다. 협약의 비준국으로서 우리가 폐기해야 할 전자제품을 기꺼이 받겠다는 나라가 있어도, 비싸게 사겠다는 사람이 있어도 수출을 해서는 안 된다. 유해 폐기물 무역은 보내는 사람과 받는 사람의 손바닥이 맞아서 일어나는 일이다. 그럴 때 어떤 참혹한 일이 벌어질 수 있는지 세계는 목격했고, 그 결과로 바젤 협약이 만들어졌다.

바젤 협약이 존재하지 않던 1988년, 이탈리아인 잔프랑코 라파엘리^{Gianfranco Raffaelli}는 나이지리아의 항구 마을 코코^{Koko}에 도착했다. 유독성 폐기물이 담긴 드럼통과 함께였다. 그는 드럼통에 든 것이 잠시 보관할 '원자재'라 속여서 나이지리아인에게 땅을 빌릴 수 있었다. 그렇게 한 달 임대료 100달러에 유독 물질이 가득한 드럼통 2천 개가 투기되었다.[39] 사실상 자연 분해가 불가능한 발암물질인 폴리염화비페닐, 생식독성이 있는 산업용 용매인 디메틸포름아미드, 폐암과 중피종을 유발하는 석면 등이 그 안에 있었다.[40] 몇 달 후 드럼통들이 터지고 악취와 가슴 통증에 시달리는 주민들의 불만이 보도되기 시작하자, 그제야 이탈리아인들은 선적을 멈췄다. 나이지리아인들을 암, 신체 마비의 고통에 빠뜨린 유독성 폐기물의 출발지는 이탈리아 석유 기업이었다. 이 사건은 '폐기물 식민주의', '독성 무역'과 같은 헤드라인으로 전 세계에 분노를 일으켰고, 그 결과 1989년 바젤 협약이 제정되었다.

---

39 Sylvia F. Liu, 〈The Koko Incident: Developing International Norms for the Transboundary Movement of Hazardous Waste〉, Journal of Natural Resources & Environmental Law 8, no. 1(1992): Article 9.

40 Claudio De Majo, 〈Italy's Poison Ships: How an International Trade of Hazardous Waste Sparked a Grassroots Struggle for Environmental Justice〉, Arcadia, no. 43(Autumn 2020), Rachel Carson Center for Environment and Society.

그럼에도 여전히 세계 전자 폐기물의 약 80%가 불법으로 거래되거나 투기되는 것으로 추정된다.[41] 한편 나이지리아, 한국은 물론이고 북한, 소말리아, 러시아까지 191개국이 비준한 바젤 협약에 미국은 여전히 미비준국으로 남아있다. 세계의 쓰레기장이 된 아프리카가 '사람 살 곳 못되는 곳'으로 비난받는 동안, 유해 물질 수출을 그만두지 않겠다고 공개 선언한 선진국은 하던 일을 계속 한다. 자국에서 재활용 시설을 가동할 때 발생할 주민들의 불만과 환경 오염을 '무해한' 폐기물 무역을 통해 회피할 수 있기 때문이다. 아도가메는 되물었다.

"폐기물이 정말 무해하다면, 대체 이런 무역이 왜 필요한 겁니까?"

아도가메 박사는 내가 고양에서 본 40t 컨테이너의 속사정도 알고 있었다. 한국에 사는 나이지리아인들 중에는 중고 전자제품을 고향으로 보내 이익을 얻고자 하는 사람이 있을 것이고, 그것은 누군가의 강요가 아니라 돈을 벌기 위한 선택임을 아도가

---

41 Cornelis P. Baldé, et al., 〈Global E-waste Monitor 2024〉, International Telecommunication Union and United Nations Institute for Training and Research, Geneva/Bonn, 2024.

메는 인지했다. 그러나 그는 바젤 협약의 비준국이자 충분한 행정력이 있는 한국이 왜 이러한 거래를 알고도 막지 않는지 물었다. 한 달 전 고양에서 비에 젖은 전자제품을 바라보며 느꼈던 의아함이 그의 질문에 끌려 나왔다. 그날 내가 목격한 것은 밀수출 현장이 아니었다. 영화에서 본 것처럼 어두운 밤 항구 근처가 아닌, 평일 대낮의 도로변이었다. 컨테이너를 촬영하면 배경에는 멀끔한 고층 아파트가 함께 나왔고, 차로 10분을 가면 서울에서도 일부러 찾아오는 초대형 쇼핑몰도 있었다. 그날 마주친 외국인 작업자만 열다섯 명, 그건 몰래 숨어서 하는 일이 아니었다. 그러나 촬영을 위한 설득은 여러 번 고성과 주먹이 오갈 만큼 무척 힘들었고, 동의한 이들도 얼굴과 목소리를 가려줄 것을 신신당부했다. 뭔가 떳떳하지 않지만, 대낮에 아무렇지 않게 해도 되는 일. 전자 폐기물 수출은 그런 일이었다.

"부패는 단지 돈이 오가는 것만이 아닙니다. 여러분은 전자 폐기물이 유해하다는 것을 알고 있지만 그것이 다른 나라로 넘어가는 것을 허용하고 있어요. 내가 안 쓰는 중고 제품을 다른 사람이 사용하는 건 물론 좋은 일이죠. 유해 물질이 누군가를 해치지 않는다는 전제하에서만 그 가치는 성립합니다. 그러나 모든 전자제품은 유해 물질을 포함하기 때문에 여러분은 자신의 폐기물을 스스로 회수하고 처리해야 합니다. 좋은 일을 하는 양 개발도상국에 보낼 것이 아니라요. 한국은 우리보다 훨씬 나은 재활용 시설을 갖고 있습니다. 그러니 한국에서 못 파는 폐기물은 한국에서 스스로 처리하세요. 이 악순환의 고리를 먼저 끊을 수 있는 것은 부유하고 발전한 나라에 사는 여러분입니다.”

나이지리아에서만 약 10만 명이 비공식 전자 폐기물 재활용 부문에서 일하고 있다.[42] 그러나 위험은 폐기물을 처리하는 작업자에 국한되지 않는다. 전자 폐기물을 소각, 매립하면서 독성 화학 물질이 물, 토양, 대기로 스며들어 결국 인체에 축적되기 때문이다. 이러한 중금속 오염은 유산, 생식계 이상, 내분비계 교란과 같은 불가역적 손상을 남긴다. 특히 유아동의 경우 피해는 더욱 치명적이다.

“첫째, 아동은 성인에 비해 생활 반경이 좁습니다. 학교, 일터에 가거나 외출하는 어른들과 달리 보통 집이나 부모 옆에 종일 머물죠. 그 공간이 전자 폐기물과 가까운 곳이라면 아이들은 유해 물질에 노출된 채 하루를 보내게 됩니다. 둘째, 아동은 독성

---

42 UNEP, 〈Nigeria turns the tide on electronic waste〉, press release, June 19, 2019.

물질이 뇌에 침투하는 것을 막아주는 혈뇌장벽이 미완성되어 있고 성인에 비해 위장관 흡수율은 높아 미량의 중금속에도 심한 손상을 입습니다. 성인보다 해독 능력이 훨씬 떨어지는 거죠. 셋째, 아이들은 키가 작아서 땅에 가까워요. 생활 공간의 바닥이 중금속으로 오염되면 그 입자를 아주 가까이서 들이마시게 됩니다. 아이들은 인생을 마음껏 살아볼 기회조차 누리지 못하는 거예요. 우리는 독에 오염된 세대를 만들어 내고 있습니다."

아도가메 박사는 하루 일정을 비우고 우리의 촬영에도 동행했다. 여섯 살 무하메드, 아홉 살 살리수가 일하고 있는 바로 그곳이었다. 그는 밤까지 기다릴 작정이었다. 일을 마친 아이들을 병원에 데려가서 베인 상처라도 치료해 주고 아이들의 혈액을 검사해 혈중 중금속 농도를 국제 사회에 알리기 위해서였다. 그러나 우리는 아무도 병원에 데려가지 못했다. 미성년자인 아이들이 채혈에 참여하려면 보호자의 동의가 필요한데 단 한 명의 동의도 받지 못했기 때문이다. 아이들 대부분은 고아였고, 라고스에서 친척과 살고 있다는 몇몇의 주소로 찾아가 보았지만 소용이 없었다. 콜웨지에서 그랬듯 기다리고 읍소하고 물러나 또

기다리기를 반복해도 문전박대를 당할 뿐이었다. 그런데 알아들을 수 없는 고함 속에 반복해서 들리는 단어가 있었다.

"파이자? 파이저? 사람 이름인가요?"

"제약회사 화이자Pfizer요. 화이자 때문에 난리가 났었잖아요. 그거 때문에 다들 저래요. 우리가 아이들을 데려가 죽일 거라고 생각하죠. 우리가 제약회사에서 나왔다고 의심하고 있어요. 더는 설득이 안 될 것 같네요."

통역가는 마치 9.11 테러처럼 지구인이라면 '화이자 사건'을 모를 리 없다는 듯 말했다. 그러나 대부분의 한국인이 그렇듯 나는 코로나19 사태가 발생하고 나서야 '화이자'라는 이름을 처음 들었다. 2020년 겨울, 화이자의 mRNA 백신을 실은 트럭이 미국 전역으로 출발하는 모습을 전 세계가 경이와 부러움으로 바라보았던 것을 기억한다. 팬데믹으로부터 세계를 구했다 평가받는 화이자, 그러나 그 미국 기업은 이곳에서 두려움의 대상이었다.

1996년, 화이자는 항생제인 트로반Trovan의 출시를 앞두고 있었다. 그러나 성인 대상 임상 시험에서는 간, 골격계에 심각한 부작용이 발생했고 소아 대상으로는 시험을 진행하지도 못한 상태였다. 그 무렵, 나이지리아에서는 세균성 수막염이 유행해 1만 명이 넘는 사망자가 발생했다. 화이자는 이를 때마침 찾아온 기회로 보았고, 나이지리아 북부 카노Kano로 향했다. 당시 카노의 전염병 전문 병원IDH은 뇌수막염에 홍역, 콜레라까지 밀려드는 중환자들로 포화 상태였고, 국경없는의사회MSF가 세계보건기구WHO의 승인을 받은 클로람페니콜Chloramphenicol로 환자 치료에 안간힘을 쓰고 있었다. 그때 미국에서 전세기를 타고 온 화이자 연구팀이 국경없는의사회의 진료 시설 옆에 자리를 잡았다. 그리고 아이들을 안은 절박한 부모들 틈에서 소아 임상 시험 참여자를 모집했다. 그렇게 3개월짜리 아기부터 18세 청소년까지 200명이 신약 트로반의 효능 시험에 동원됐고, 한 달 후 열한 명이 목숨을 잃었다. 생존한 아이들의 상당수도 뇌 손상, 실명, 언어 장애, 신체 마비 등을 피할 수 없었다. 피해 아동의 부모들은 국경없는의사회의 치료제를 받는 것으로 이해한 채 줄을 섰을 뿐, 화이자가 신약을 실험한다는 것은 고지받지 못했다. 적절한 동의 절차 없이 비윤리적인 임상 시험이 행해진 것이다.[43]

---

43 Belinda Archibong and Francis Annan, 〈What do Pfizer's 1996 drug trials in Nigeria teach us about vaccine hesitancy?〉, Brookings, December 3, 2021.

얼마 후 탐사 보도로 이 사실이 알려지자,[44] 서양인들이 백신으로 사람들을 죽였다며 시위가 일어났고 정부는 긴 소송에 돌입했다. 공방 끝에 결국 화이자는 카노에 7,500만 달러를 지급하기로 합의했는데, 이미 아이들이 목숨을 잃고도 13년이 지난 후였다.[45] 그로부터 또 13년이 흘러 아이들의 혈액을 채취하겠다는 외국인이 왔다. 그날 내가 끝내 한 장의 동의서도 받을 수 없었던 것은, 그들이 의학의 가치를 몰라서가 아니었다. 낯선 이의 말에 좋은 것이겠지, 별문제 없겠지 하고 고개를 끄덕였다가 일어난 일을 그들은 분명히 기억하고 있었다. 출연료로 얼마를 준다 해도 우리와 말을 섞고 싶지 않은 것은 당연한 이치였다.

이해하고도 남을만한 이유로, 나이지리아 북부에서는 2000년대 초반 이미 백신 보이콧이 성행했다.[46] 놀랍게도 이 지역의 여성들은 교육 수준이 높을수록 아이들의 백신 접종을 거부했고, 그로 인해 한때 소아마비 발병률이 30% 증가하기도 했다.[47] 서양

---

44 Joe Stephens, 〈Where Profits and Lives Hang in Balance〉, The Washington Post, December 17, 2000.

45 Joe Stephens, 〈Pfizer to Pay $75 Million to Settle Nigerian Trovan Drug-Testing Suit〉, The Washington Post, July 31, 2009.

46 A.S. Jegede, 〈What Led to the Nigerian Boycott of the Polio Vaccination Campaign?〉, PLoS Medicine 4(3) (2007): e73.

47 Belinda Archibong and Francis Annan, 〈What do Pfizer's 1996 drug trials in Nigeria teach us about vaccine hesitancy?〉, Brookings, December 3, 2021.

인들을 믿고 그들이 가져온 주사를 아이에게 맞히기 위해 병원으로 달려갔던 어머니들은 아이들을 보호하기 위해 이제 정반대의 선택을 하고 있었다.

코로나19가 유행하던 시기, "우리는 실험용 쥐가 아니다"[48]라는 구호 속에 백신보다 민간요법에 의지하는 아프리카의 몇몇 지역을 보며 나는 그것이 순전히 무지에 의한 비과학적 행동이라 생각했다. 그러나 그 이면에는 사고를 일으키고 은폐한 이들에 대한 합리적 의심과 생존을 위한 본능이 있었다. 미국이라면, 유럽이라면, 한국이라면 일어나지 않을 일이 여기서는 일어나니까. 이런 일을 했다가 집단 소송으로 기업이 완전히 망할 수 있는 나라가 있는가 하면, 그렇지 않은 나라도 있으니까. 똑똑한 사람들이 모인 글로벌 기업이니 일을 그런 식으로 할 리 없다는 말은 거기서는 맞고, 여기서는 틀리니까. 전자 폐기물 더미에서 아이들을 거칠게 대하는 어른들을 보며 혀를 차던 나는 아이들을 잔인하게 이용하고 떠나버린 기업이 끝끝내 '어떠한 잘못이나 책임도 명백히 부인'[49]하고도 여전히 존경받는 것에 씁쓸함을

48 Nqobile Dludla, 〈'We are not guinea pigs,' say South African anti-vaccine protesters〉, Reuters, July 2, 2020.

49 Joe Stephens, 〈Pfizer to Pay $75 Million to Settle Nigerian Trovan Drug-Testing Suit〉,

느꼈다. 검사는 실패했지만, 이 모든 소동이 단지 헛수고만은 아니었다. 도통 이해할 수 없는 사람들의 고함에 더 이상 화가 나지 않았다. 그들의 의심과 그 너머 슬픔을 이해하며 그날의 촬영을 접었다.

The Washington Post, July 31, 2009.

3   아이의
숨을 빼앗아
지구 살리기

"오후 두세 시가 되면 앞에 있는 사람이 안 보일 거예요."

"맞아요. 같이 걸어가면서도 서로 얼굴을 볼 수가 없어요."

"어떤 날은 연기에서 폭죽 냄새가 나고, 또 어떤 날은 썩은 달 걀 냄새가 나는데 눈이 너무 따갑습니다."

차에서 내리기가 무섭게 흉부 X선 필름, 호흡 보조 장치를 손에 쥔 사람들이 우리를 둘러쌌다. 다들 누렇고 탁한 흰자위에 붉은 핏줄이 서있었다.

"얼마 전에도 기침을 하던 아이가 죽었는데 아무도 우리 이야 기를 들어주지 않아요. 그러니 국제 사회가 우리를 구해주셔야 합니다."

"어어, 보세요! 저기!"

"카메라! 카메라! 찍어야 돼."

"안 돼! 도망쳐야 돼. 입을 가리세요!"

오기조 마을

서른 명이 넘는 주민들이 공장을 뒤로한 채 전부 달리기 시작
했다. 두세 시면 연기로 앞이 깜깜해질 거라더니 오늘은 소각이
빨리 시작된 모양이었다. 고동색 연기가 공장 지붕의 길게 갈라

진 틈으로 뿜어 나오자 텁텁하고 무거운 공기가 숨을 눌렀다. 마스크의 코 지지대를 꽉 눌러봤지만 유해물질로 샤워를 하고 있다는 느낌을 지울 수는 없었다. 그 연기는 무색, 무취한 '침묵의 살인자' 같은 것이 아니었다. 이 선명한 유해성은 불행일까? 그나마 찍을 수 있어서 다행일까? 공장을 배경으로 주민들을 세워놓고 긴 이야기를 들을 필요가 사라진 것만은 분명했다. 말하던 사람의 얼굴을 가려버린 연기만큼 생생한 인터뷰는 없으니까. 서울이었다면 큰 불이라도 난 줄 알고 119에 전화를 걸었겠지만, 이것은 라고스 인근 오기조Ogijo 마을의 어느 평범한 오후였다. 갈색 안개가 깔리고 검은 바람이 불어오면 사람들은 늘 그랬듯 아이들을 집에 가둬야 했다. 주민들의 두려움과 분노가 향한 그 공장은 다름 아닌 '재활용' 시설이었다. 우리를 이곳으로 안내한 아도가메 박사는 전자 폐기물 더미만으로는 '토쿤보'의 여정을 절반도 파악할 수 없다고 말했다.

"오기조야말로 재활용 왕국입니다. 전자제품에서 나온 금속, 플라스틱과 배터리까지 태우지 않는 것이 없죠. 특히 납산 배터리 재활용 규모로는 세계에 여기를 따라올 곳이 없습니다."

이른바 ULAB^{Used Lead Acid Battery}, 폐기된 납산 배터리는 오기조 재활용 산업의 주요 먹거리였다. 이 배터리들의 출처는 라고스의 중고 시장으로, 수입 중고차에서 뜯어낸 폐배터리의 종착지가 바로 여기였다. 고양에서 본 에어백이 터지고 바퀴가 없는 자동차는 전자제품을 터질 듯이 싣고 라고스항에 도착하면 해체될 운명이었던 것이다. 수입할 전자제품의 작동 여부가 중요하지 않듯, 이곳에 오는 자동차가 달리기를 기대하는 사람은 없었다.

'배터리'라 하면 요즘은 다들 리튬 이온 배터리를 떠올리지만, 납산 배터리는 여전히 널리 사용되고 있다. 휴대용 전자제품에는 리튬 이온 배터리가 들어가는 반면, 고정된 장치나 시설물에는 납산 배터리가 빠지지 않는다. 또한 전기 차를 달리게 하는 것은 리튬 이온 배터리지만, 시동 및 전자장치를 작동시키는 것은 납산 배터리다. 그 밖에도 빌딩과 지하철역의 비상구 안내등, 화재경보기, 엘리베이터의 비상 전원처럼 위급 상황에도 절대 꺼지면 안 되는 장치들이 납산 배터리로 전원을 공급받는다. 이는 장기간 사용하지 않아도 고장과 폭발 위험이 낮은 특성 덕분인데, 심지어 납산 배터리는 선진국 기준 재활용률도 99%에 달

한다.[50] 이보다 지속 가능한 배터리가 있을까?

그러나 세계 배터리 재활용의 수도 오기조에서 납산 배터리는 독극물에 다름 아니었다. 재활용 공장을 운영하는 에베레스트 메탈Everest Metal과 트루 메탈스True Metals는 오기조에서 배터리를 부수고 녹여 납을 뽑아 수출했다. 재활용된 금속이 '친환경 재생 자원'이 되어 그들을 버린 나라로 금의환향하는 동안 오기조는 독성 연기로 뒤덮였다. 우리가 연기를 제대로 찍는지 감시하듯 따라다니던 한 남자가 말했다.

"미국, 유럽에도 재활용 공장이 있다고 들었습니다. 하지만 거기에선 이런 연기가 안 나겠죠?"

"평소에도 저런 색깔의 연기를 매일 보세요?"

"네!"

카메라를 둘러싼 주민 10여 명이 동시에 외쳤다. 재활용 공장은 장밋빛 약속과 함께 마을에 들어왔다. 나이지리아인을 고용해 지역 사회에 일자리를 주겠다는 것이었다. 그러나 그 공장에서 일하는 것을 기꺼이 선택한 사람은 거의 없었다. 평상복 차림

---

50 Kevin Dooley, et al., 〈Lead-Acid Battery Recycling Success: Policy + Reverse Supply Chains〉, The Sustainability Consortium and The Responsible Battery Coalition, 2020.

의 작업자들은 두건으로 코와 입만 가린 채 칼과 도끼로 배터리를 부쉈다. 플라스틱으로 된 배터리 케이스를 깨뜨리면 납 분진과 함께 황산 용액이 흘러나왔다. 피부에 닿으면 화상, 눈에 튀면 실명의 위험이 있는 강한 산이었다. 곧이어 달궈진 용광로에 폐배터리를 던져 넣자 순식간에 짙은 연기가 피어올라 작업자의 몸을 집어삼키고, 마을의 하늘을 뒤덮었다. 이 일을 하면 하루에 약 2달러를 벌 수 있었다. 그러다 기계에 팔을 잃거나 실명하면 한 달 치 임금을 받고 떠나야 했다. 작업자 대부분은 폐기물 더미에서 만난 아이들처럼 북부 지방에서 일거리를 찾아온 벼랑 끝의 사람들이었다.

폐배터리 재활용 공장

초등학교는 좁은 길을 사이에 두고 공장과 이웃해 있었다. 학교 담벼락에는 나지막한 나무들이 심겨있었는데 모두 큰 포대가 덮인 상태였다. 포대를 벗기니 바나나 나무가 나왔다.

오염된 공기로부터 먹거리를 보호하기 위한 주민들의 궁여지책
이었던 것이다. 잎을 손으로 쓸자 손가락이 금세 새까매졌다.

"이건 먼지인가요?"

아도가메 박사가 헛웃음을 지으며 대답했다.

"그냥 먼지가 아닙니다. 납, 수은, 카드뮴과 같은 중금속이 들
어있죠. 이 마을에서 식용 작물을 채취해서 검사했더니 중금속
농도가 매우 높았습니다. 마을 지하수에서도 허용 기준치를 초
과한 납, 크롬, 망간이 검출됐어요."

"공기 중에 중금속이 있는 건가요?"

"그렇습니다. 사람들은 호흡할 때마다 유해 물질을 들이마시
고, 재배한 작물을 통해서도 섭취합니다. 그리고 이건 단순한 잎
이 아니에요. 농촌 사람들은 오래전부터 넓적한 잎을 음식을 포
장하는 데 사용해 왔어요. 그러니 이 잎으로 포장한 다른 음식들
도 오염될 수밖에요."

아도가메 박사가 채취한 주민 마흔여섯 명의 혈액 샘플에
서는 예외 없이 납이 검출되었다. 모두 심각한 '납 중독' 수준인
20μg/dL를 초과했으며, 아동 중 절반은 평생 뇌 손상을 유발할
수 있는 높은 납 수치를 보였다. 학교, 놀이터, 텃밭의 흙에도 납

이 있었는데, 검출량은 미국 환경보호청USEPA의 주거지 권고 기준인 200ppm의 최대 145배에 달했다. 납은 체내로 흡수되면 뇌와 신경계, 심혈관계, 간과 신장 등의 장기에 장기적인 손상을 일으킬 수 있고 특히 아동의 지능 저하, 주의력 결핍, 반사회적 행동 증가의 원인이 된다.[51]

한편 마을 곳곳에는 웅덩이가 있었는데, 재활용 공장에서 흘러나온 황산과 납이 섞인 탁한 물이었다. 촬영감독이 이곳저곳의 풍경을 담는 사이, 소 한 마리가 웅덩이에 와서 목을 축이고 갔다. 마을 사람들은 소를 키워서 시장에 내다 판다고 했다. 흐르는 것은 물과 공기만이 아니었다. 오염은 어디로든 갈 수 있었다. 아도가메는 또다시 씁쓸한 웃음을 지었다.

"나이지리아에서 재활용은 '그린Green'이 아닙니다. 저는 '브라운 리사이클링Brown Recycling'이라 불러요. 이걸 보고도 여러분에게 필요 없는 물건들을 나이지리아로 보내는 게 좋은 일로 느껴지나요?"

오기조에는 전자제품, 배터리 재활용 시설이 40여 개 있다. 검

---

51 World Health Organization, 〈Lead poisoning〉, Fact sheets, September 27, 2024.

은 연기를 내뿜는 공장 때문에 학교는 종종 문을 닫아야 했다. 마을의 아이들은 가래 섞인 기침을 달고 살았고, 화창한 날에도 부모들은 아이들을 집에 가두기 바빴다. 창틀에 빼곡히 내려앉은 새카만 먼지를 보면 무엇이 아이들을 가두고 있는지 알 수 있었다.

"딸이 기침을 많이 하고 숨을 못 쉬겠다고 해서 병원에 갔더니 의사가 혹시 담배를 피우냐고 물어봤어요."

"몇 살인데요?"

"9월이면 열두 살이 돼요. 저는 의사에게 되물었죠. 열두 살짜리가 어떻게 담배를 피우냐고요."

아데니케는 안약과 호흡 보조장치를 갖고 다니는 많은 아이들 중 하나였다. 카메라가 왔다는 소식에 어른들이 집 안에 꽁꽁 숨겨뒀던 아이들을 데리고 나온 것이다. 아데니케의 어머니는 무엇이 아이를 아프게 하는지 알았지만, 그것을 피할 길은 없었다.

"아이를 평생 집 안에 둘 수는 없잖아요. 학교도 가고, 밖에서 놀기도 해야죠. 병원에 가서 치료를 받아도 공장이 그대로이니 소용이 없어요."

"당신도 눈이 빨간데, 건강은 괜찮으세요?"

"그래도 저는 어른이잖아요. 우리 딸은 아직 자라고 있단 말

아데니케

이에요. 창문도 못 열 만큼 연기가 가득한 동네에서요. 환경 때문에 아이들을 집 안에 가둬야 하는 게 상상이 가세요? 너무 힘듭니다. 제발 우리를 도와주세요.”

카메라를 향해 한 발씩 다가오는 어머니들의 목소리는 점점 더 커졌다. 금속을 찢고 으깨는 굉음 사이로 사람들은 서로의 절박한 심정을 토해냈다. ‘이론상으로’ 납산 배터리는 깨끗하게 몇 번이고 재활용할 수 있다. ‘수백만 달러의 시설 투자가 있으면’ 한 마을을 초토화시키지 않고도 가능한 일이다. 이미 북미와 유럽에서는 그렇게 하고 있다. 그러나 그런 일은 오기조에 일어나지 않았다. 재활용된 납을 구입하는 글로벌 배터리 제조기업들은 오기조의 공장과 직접 거래하지 않기 때문에 '몰랐다', '관계없는 일이다', '우리는 공급 기업을 통해 물건을 샀을 뿐이다'라며 쉽게 발을 뺄 수 있다. 아이의 노동으로 채굴된 코발트가 그랬듯, 아이의 숨을 빼앗으며 재활용된 납은 지금도 글로벌 공급망을 타고 자유 무역의 세계를 누빈다. 모든 추악한 현실과 문제에 대한 책임과 비난을 서로에게 전가할 수 있는, 동시에 모두가 이익을 얻는 복잡한 공급망 덕분에 우리는 수십 년째 손 놓고 아이들이 죽어가는 것을 지켜만 보고 있다. 우리가 만든 세상에서 어떤 아이들은 좀 아파도, 빨리 죽어도 괜찮다.

취재 소식에 모여든 주민들

5장

도시

새 제품을
파쇄해 드립니다

목적지에 도착하자 아파트 3층 높이의 야적장이 보였다. 집게 달린 굴착기가 트럭에서 전자제품을 집어 쉴 새 없이 쏟아내고 있었다. 우리가 버린 중소형 전자제품이 적법하게 수거되면 이런 재활용 업체로 들어온다. 흔히 '도시 광산'이라며 폐기물에서 귀금속을 캐내는 미래 산업으로 각광받는 바로 그곳이다. 고양시의 공터와 달리, 화성시 공장 마당에서 전자제품은 종류별로 분류되어 있지 않았다. 선풍기, 비데, 밥솥, 장난감은 모두 한데 엉킨 채 쌓여갔다.

파쇄기에 들어가는 냉장고

전자제품들은 예외 없이 분쇄되었다. 오늘 산 새 물건이든, 20년이 넘어 고장 난 것이든 여기 들어오는 순간 모두 '폐기물' 신분을 부여받기 때문이었다. 먼저 파쇄기에 찢긴 전자제품 조각들은 자석을 통과하며 철을 분리해 낸 뒤 컨베이어 벨트로 향했다. 그러면 작업자들이 회로기판, 알루미늄, 피복전선 등을 뜯어내 각각의 자루에 던져 넣는 식이었다. 그 후 벨트 위에 남은 것은 대부분 플라스틱 파편이었는데, 비중 선별기를 통해 물에 뜨는 플라스틱은 PP, 가라앉는 것은 ABS와 PS로 분류한 뒤 다시 분쇄, 세척 과정을 거쳐야 했다. 그 지난한 과정이 끝나야 가공 업체에서 그걸 가져가 고열로 압출, 냉각한 뒤 펠릿 형태로 절

공장 마당에 쌓인 폐전자제품들

단하여 재생 플라스틱 원료를 만들어 낼 수 있었다. 20년 넘는 경력의 현장 관리자는 파쇄된 전자제품의 약 45%가 플라스틱, 30%는 고철, 8%는 회로기판, 5%는 구리, 알루미늄과 같은 비철로 분리된다고 친절히 알려주었다. 이처럼 '폐기물'로 입장한 전자제품을 분쇄해 '재생 원료'로 내보내는 것은 오늘날 대부분의 선진국에서 가장 지속 가능한 재활용 방식으로 자리 잡았다.

"여기 들어오면 일단 전부 분쇄해요. 100만 원짜리든 1만 원짜리든 똑같습니다."

"새것 같은 물건들도 종종 들어오나요?"

"새것 같은 게 아니라 진짜 새것도 많이 들어와요. 박스 포장이 그대로 된 제품들이 5t 트럭 한 대 가득 들어올 때도 있으니까요. 전자레인지, 커피머신, 청소기 같은 것들이 자주 보이는데, 상자를 열어 보면 비닐 포장도 그대로 되어있어요. 누가 보면 새 물건을 배송받는 줄 알 겁니다.”

“도대체 새 제품을 왜 버리는 거예요?”

“예를 들어 홈쇼핑 같은 경우에는 단순 변심으로 반품되는 제품들이 꽤 되거든요. 그런 것들이 다시 판매되는 게 아니라 저희 같은 재활용 업체에 들어오는 경우가 많아요. 또 많이 할인해서 팔자니 보관 창고 비용이 이윤을 넘어서거나, 해외 중소 브랜드의 악성 재고라 AS 대응이 어려운 새 제품들도 여기로 옵니다. 그럼 무조건 파쇄예요. 물론 그게 재생 원료가 된다고는 하지만 씁쓸하죠. 멀쩡한 새 물건을 부숴버리는 건 낭비잖아요. 일하는 저희들도 박스째로 들어온 물건들을 포장까지 뜯어가면서 파쇄할 때는 너무 너무 안타깝죠.”

전자제품 배터리를 만들기 위해 콩고민주공화국에서 일어난 일들, 죽어간 아이들의 표정이 떠오르며 이게 다 무슨 소용인가 하는 허무함이 밀려왔다. 모린, 카스, 바수, 메삭, 파스칼이 캐낸 코발트는 세상에 어떤 쓸모로 남았을까? 컴퓨터 화면에서 재고의 숫자를 지우듯 물건을 파쇄하면 그 모든 게 순식간에 '없던 일'이 되어버렸다. 어떤 물건은 탄생하자마자 곧 죽어주는 게 사회에 이로웠다.

"리튬 이온 배터리가 든 제품도 많이 보세요?"

"그럼요. 요즘 확실히 체감하죠. 충전해서 쓰는 무선 제품들이 정말 많이 들어와요. USB로 충전하는 소형 선풍기, 가습기, 무선 청소기 이런 것들이 예전보다 엄청 늘었어요. 몇 년 전만해도 안 보이던 물건이거든요. 말하자면 소모품 같은 건데 싸고 예뻐서 선물하기 좋고 금방 고장 나는 것들이죠. 그런데 그게 저희한테는 아주 위험한 물건이에요. 조그마한 제품일수록 더요."

"왜요?"

"작년에 공장에 불이 크게 났거든요. 옆 공장까지 불이 붙었다니까요. 리튬 이온 배터리가 폭발해서 그랬어요. 요즘은 디자인이다 뭐다 해서 배터리가 본체에서 분리 안 되게 만든 제품들이 많잖아요. 제품 종류가 워낙 다양하니까 작업자들이 손으로 해체를 하더라도 놓치는 게 생겨요. 그러다가 배터리가 달린 채로 파쇄기에 들어가서 불이 붙어버린 거죠. 이런 걸 좀 감안해서 제품 설계를 했으면 좋겠어요."

"전자제품 재활용 일을 하시면서 가장 어려운 점은 뭔가요?"

"같은 얘기입니다만, 제조 단계에서부터 재활용을 잘할 수 있도록 만들면 좋겠어요. 나사 모양만 해도 그래요. 십자, 일자만 있는 게 아니라 세모, 별 모양까지 가지각색이에요. 모양이 다른 나사를 해체하려면 종류별로 다른 드라이버가 있어야 하고 작업 시간도 많이 들다 보니 웬만하면 재활용을 포기하게 됩니다. 브랜드 이미지, 마케팅 포인트라고 하는 것들이 재활용하는 입장에서 보면 너무 큰 비효율을 만들어요. 재질도 마찬가지예요. ABS든 PS든 PP든 같은 소재의 플라스틱으로 만들면 재활용하기가 훨씬 좋아요. 물론 쓰임과 단가가 달라서 전부 그렇게 할 수는 없겠지만 통일할수록 재활용은 쉬워집니다. 음료 페트병은 전부 투명색, 소주 유리병은 전부 녹색인 것처럼요. 재활용의 핵심은 선별이거든요."

고가의 백색 가전은 그나마 사정이 나은 편이라고 했다. 소형 전자제품에 비해 여러 색과 소재를 섞는 경우가 드물어서 재활용이 용이하기 때문이다. 재활용 시설의 열악함을 아무리 보도한들, 인력과 공간을 확대한다고 해서 효율을 근본적으로 개선할 수는 없다. 가장 큰 비용을 발생시키는 것은 선별 작업이었다. 그리고 그것을 해결하는 방법은 '만들 때부터 잘 만들기'였다.

"요즘 착한 소비, 무슨 소비 그러면서 환경 문제를 다들 심각하게 생각한다고들 하죠. 날씨가 이상하고 온난화가 심해진다고 말로만 떠들면 뭐합니까? 더 많이 사게 하겠다고 색깔 다르게 하고 재질 섞고 그러는데요. 잘 팔리기만 하면 잘 만든 제품일까요? 잘 만든 제품이라는 게 대체 뭔지 생각해 볼 때가 됐어요."

수리하면
벌 받는 사회

서울시 마포구에는 '기후 위기를 건너는 라이프 스타일 공간'을 표방하는 수리상점 곰손이 있다. 끝까지 아껴 쓰고 서로를 돌보자는 다짐들이 모여 만든 공간이다. 어느 토요일 참여했던 재봉틀 기초 수업부터 칼과 가위 갈기, 우산 수리, 집수리 공구 사용법까지 곰손은 잘 고치는 데 필요한 기술을 전수하는 워크숍을 열고 있다. 그중에서도 매월 빠지지 않는 스테디셀러는 '스마트폰 배터리 교체' 강좌다. 2년 정도 쓰고 나면 배터리가 급격히 닳아버리는, 공식 서비스센터에 가져가면 15만 원쯤 내야 하고 그마저 구형 모델은 번번이 퇴짜를 맞는, 그럼에도 사용자가 직접 배터리를 꺼내볼 방법이라고는 없는 상황을 고려하면 이 강좌의 유용성은 분명하다. 그런데 신입 PD 시절, 나는 이런 강좌가 생길 거라고는 상상도 못 했다. 업무용으로 지급받은 첫 스마트폰은 갤럭시 S1이었는데 기기 뒷면을 엄지로 살짝 눌러 밀기만 해도 배터리를 꺼낼 수 있었다. 심지어 추가 배터리 한 개는 기본 구성품이었다. 긴 야외 촬영이 잡힌 날도 배터리만 하나 더 챙기면 됐으니 지금처럼 행사마다 뚱뚱한 보조배터리를 선물로 나눠주지도 않았다. 요즘 아이들은 의아해하겠지만, 15년 전만 해도 텔레비전 리모컨과 스마트폰의 배터리 교체 난이도는 '0'으로 똑같았다.

〈아이를 위한 지구는 없다〉 촬영을 위해 내 아이폰 12프로 (2026년 현재도 쓰고 있다)의 배터리를 교체하는 데는 아이폰 '수리' 전문가가 필요했다. 거치대, 애플 제품 전용 드라이버, 흡착컵, 핀셋, 헤라, 오프너가 담긴 공구 상자를 들고 장갑까지 끼고 나타난 그는 마치 집도를 앞둔 의사 같았다. 아이폰을 여는 게 특기이자 취미라는 분이었기에, 우리는 재빠른 손놀림을 놓칠세라 카메라를 여러 대 거치해 두고 긴장한 채 녹화 버튼을 눌렀다. 그러나 촬영은 지루하게 늘어졌다. 아이폰 특유의 별 모양

나사를 드라이버로 풀고 흡착컵을 액정에 적절한 세기로 눌러 들어 올리는 게 끝이 아니었다. 플라스틱 오프너를 액정과 본체 사이에 끼워 틈을 벌릴 때, 조명 아래 전문가의 이마는 이미 땀으로 푹 젖어있었다.

"이제 본체와 액정을 연결한 케이블을 제거할 건데요. 얇기 때문에 신중하게, 손상되지 않도록 약한 힘으로 천천히 분리해야 합니다."

마침내 속이 드러난 아이폰 내부는 배터리 주위로 메인보드, 카메라 모듈, 스피커, 햅틱 엔진 등 손톱만 한 크기의 장치들이 얇은 필름과 케이블로 연결되어 있었다. 배터리를 발견했다고 해서 15년 전처럼 손가락으로 쉽게 꺼낼 수 있는 것도 아니었다. 배터리와 연결된 나사를 풀고, 케이블을 조심스럽게 분리하고, 접착되어 있는 배터리를 핀셋으로 부드럽게 떼어 들어 올리는 정교한 손놀림이 필요했다.

"근데 집에서 막 따라 하시면 안 됩니다. 조금만 꺾여도 불이 날 수 있고, 배터리가 잘못 찔리면 폭발합니다. 이거 진짜 위험한 거예요."

태연한 척했지만 나는 슬쩍 한 걸음 뒤로 물러섰다.

"미국에서는 애플이 자가 수리 키트도 내놨잖아요. 그것만 있으면 누구나 배터리를 교체할 수 있는 거 아닌가요?"

"솔직히 액정은 누구나 갈 수 있거든요. 그런데 배터리는 일반인들이 손대지 않는 게 좋을 것 같아요. 저희 같은 엔지니어들도 가끔 실수를 해요. 경험 없는 사람들이 만지다가 터지기라도 하면 큰일입니다."

나는 가슴을 쓸어내렸다. 촬영 며칠 전 미국 애플 웹사이트에서 자가 수리 키트 주문을 진지하게 고민했기 때문이다. 한국에 없는 서비스다 보니 뉴욕에 상주하는 PD 특파원 선배에게 이 키트를 배송 받아서 배터리를 교체하는 걸 촬영해 보자고 할 작정이었다. 그런데 곧 그게 얼마나 큰 민폐인지 깨달았다. IT 유튜버들의 리뷰 영상에 등장한 것은 애플 감성이라고는 하나도 없는 35kg의 육중한 도구 상자였다. 게다가 자가 수리 키트 즉 도구 상자를 빌리는 비용은 49달러인데 신용카드로 선승인해야 하는 보증금이 1,200달러라니! 그건 도구 상자를 일주일 내에 반납하지 못하면 고스란히 청구될 금액이었다. 물론 여기에 배터리 값은 별도로, 이런저런 번거로운 짓을 하지 않고 애플스토어에 가서 새 배터리를 교체 받는 비용과 같은 69달러였다. 행정 명령에 따라 마지못해 만든 자가 수리 키트는 마치 자가 수리의 의지를 꺾기 위해 고안된 벌칙 같았다. 어쨌든 이날 스튜디오에서는 자가 수리를 포기하게 만든 애플이 고마웠다. 경험 없는 일반인은 손대지 않는 게 좋다니⋯ 15년 새 리튬 이온 배터리는 갈아 끼우던 건전지에서 촉수 엄금 폭발물이 되어 있었다.

높은 수리 난이도와 비용은 전자제품의 수명을 단축시키는 중요한 요인이다. 유럽수리권연합Right to Repair Europe에 따르면, 수리 비용이 새 제품 가격의 30%을 넘어서면 소비자는 수리를 포기한다.[52] '전자제품 수리에 어려움을 겪은 경험'에 대해 이야기해 달라는 서울환경연합의 SNS에도 '차라리 새로 사는 게 낫다'는 판단에 수리를 포기했다는 사연의 변주들이 유독 많았다. 그중 몇 분을 스튜디오로 모셔 이야기를 들어보니 그 판단이 틀리지 않음을 인정할 수밖에 없었다.

"3년 반을 사용한 스마트폰 액정이 고장 나서 서비스센터에 갔는데 수리 비용이 18만 원이라는 거예요. 수리 기사님도 교체

---

52 Kaja Šeruga, 〈In Austria, the Government Pays to Repair Your Stuff〉, Reasons to be Cheerful, March 22, 2022.

를 추천하시더라고요. 이 정도 사용했으면 새 기기를 사용하는 게 좋을 거라고요. 주변 사람들도 왜 굳이 그걸 고쳐서 계속 사용하냐고…"

"이건 에어팟 1세대인데 2년쯤 썼더니 이어폰 한 쪽이 들렸다 안 들렸다 하더라고요. 수리하려고 매장에 갔는데 수리는 안 되고 한 쪽만 8만 5천 원에 판대요. 8만 5천 원을 내고 한 쪽만 사느니 몇 만원 더 내고 신제품인 에어팟 2세대를 사는 게 낫겠다 생각이 들어서 그렇게 했어요. 그런데 2세대도 한 쪽만 소리가 끊겨서 수리하러 갔다가 또 8만 5천 원을 내야 한다는 소리를 듣고 최근에 에어팟 4세대를 사게 됐어요."

"이 손 세정기는 반년쯤 썼는데요. 직구를 한 거라 AS를 받으려면 중국까지 보내서 수리가 되는지 점검해 봐야 한다더라고요. 만 3천 원에 샀는데 배송비만 2만 원이라고 해서 더 알아보지도 않았어요."

장벽은 가격만이 아니었다. '2년이 지나서'는 수리 시도를 깔끔히 차단하는 단골 멘트였다. 손잡이와 호스를 연결하는 톱니 하나가 부러진 청소기, 스팀이 나오지 않는 스팀다리미, 키보드가 고장 난 노트북은 보증 기한이 지났다는 이유로 유료 수리조차 거절당했다.

"노트북 키보드에서 키 딱 하나가 안 눌러지는데요. 서비스 센터에 갔더니 부품 보유 기간이 지나서 수리가 안 된대요. 너무 아까워서 중고 사이트에 같은 노트북이 올라오나 안 오나 아직도 확인해요. 그럼 고칠 수 있을 것 같아서요."

"정책상 수리는 전혀 지원하지 않고, 새 제품으로 교환만 가능한데 구입한 지 2년이 지났으면 안 된다더라고요. 대신 새 제품을 구입하면 할인해 줄 수는 있다길래 그냥 나왔어요. 물건을 한 번 살펴보지도 않고 수리가 안 된다고 하는 게 답답했어요. 열어 보면 아주 간단한 문제일 수도 있잖아요."

수리에 실패한 사람들이 느끼는 감정은 비슷한 듯 달랐고 동시에 복잡했다. 굳이 비용을 내고 수리해서 헌 물건을 계속 쓰느니 돈을 좀 더 보태 새 제품을 사는 것이 이득이라는 생각은 상식적이었다. 비합리적인 수리 비용을 생각하면 합리적인 판단이기도 했다. 한편 불편을 겪어 찾아온 구매자를 앞에 두고 제품을 한 번 열어 보지도 않은 채 '수리 불가'를 선고하는 기업을 보며 느끼는 불쾌함도 이해가 되었다. 그녀는 정당히 받아야 할 서비스를 제공하지 않는 기업의 제품은 더 이상 사지 않겠다는 결론에 이르렀지만, 적당한 가격의 제품을 적당히 쓰다 버리는 것이 생활의 지혜로 널리 인정받는 것도 현실이다.

우리는 수리를 거절당한 제품들을 모아 서울시 성동구의 사회혁신기업 인라이튼으로 향했다. 신기용 대표가 안내한 1층 창고에는 '고장을 진단받았으나 수리를 처방받지 못한' 전자제품들이 쌓여있었다. 휴대용 무선 선풍기, 무드등, 블루투스 헤드폰과 같은 소형 제품은 물론이고 전자레인지, 모니터, 청소기와 같이 100만 원이 넘는 유명 브랜드의 제품들도 많았다.

"어릴 적에는 동네마다 전파사가 한두 개씩 있어서 전자제품이 고장 나면 쉽게 수리할 수 있었어요. 그런데 요즘은 전자제품을 수리하기가 불편하고, 그래서 또 새로 사려니 마음이 불편하고. 그런 면에서 사회 인프라가 오히려 예전보다 못하다는 생각이 들었어요."

우리가 모아 온 제품들을 수리하기 위해 첨단 장비는 필요하지 않았다. 수리비가 30만 원 넘게 나올 거라던 오븐은 고압 콘덴서와 다이오드를 교체하자 잘 작동했다. 온라인 쇼핑몰에서 5만 원이면 살 수 있는 부품들이었다. 서비스센터에서 제품을 열어 보지도 않고 수리가 안 된다고 했던 보풀제거기는 모터를 감고 있던 보풀을 핀셋으로 꺼내는 것으로 수리가 완료되었다. 천덕꾸러기 신세가 된 전자제품을 끙끙대며 들고 온 출연자들의 속앓이가 무색하게도 수리는 허무할 만큼 간단하고 저렴했다. 한편 먹통이 된 고데기는 온도를 감지하는 전선 네 가닥 중 두 가닥이 떨어져 있었는데, 애초에 단단하게 고정되어 있지 않다 보니 고데기를 돌리면 금방 고장이 날 수밖에 없는 구조였다.

"몇 년 사이에 이런 저가형 전자제품들이 정말 많이 유입됐어요. 저가형 제품들은 후크나 접착제로 부품들을 고정해서 탁탁탁 누르면 조립이 끝납니다. 많은 양의 제품을 빠르게 생산하는 데 특화된 방식이라 할 수 있죠. 그런데 막상 수리하려고 제품을 열어 보면 나사 방식에 비해서 후크나 접착제는 굉장히 분해하기가 어려워요. 문제 있는 부품만 뜯어내고 교체하는 게 쉽지 않습니다."

수리와 청소를 전제하지 않는 전자제품은 수선과 세탁을 전제하지 않는 옷과 같다. 전자제품 생산, 소비, 폐기의 빨라진 주기는 의류의 궤적을 따라가고 있다. 한때 옷은 특별한 날 큰마음 먹고 사서 계절의 흐름에 따라 바꿔 입고 잘 관리하는 귀한 물건이었다. 그러다 한두 해 입고 버려도 이득인 '패스트패션'이 등장했고, 이제는 한두 번 사진 찍고 버려도 그만인 '울트라패스트패션'의 시대가 도래했다. 10만 원에 쉬인^{SHEIN}에서 열다섯 개의 옷을 주문할 수 있다면 그중 두세 개는 몸에 맞지 않아 헌 옷 수거함에 직행해도 그만이고, 한 번의 세탁 후에 옷들이 전부 뒤틀려 버린다 한들 어쩔 수 없는 일이 된다. 내년까지 갈 것도 없이 다음 달에라도 또 저렴한 옷들을 사고 버리면 그만이기 때문이다.

책갈피처럼 책장에 끼울 수 있는 초소형 독서등, '손'풍기, '넥'풍기, 일회용 보조 배터리, 초소형 전자레인지, 초소형 스피커처럼 저렴하면 몇백 원, 비싸도 2만 원에 살 수 있는 전자제품들도 마찬가지다. 커피 한 잔 가격에 기분 전환용으로 샀다가 한 계절이 지나면 잊히고, 고장이 나면 쓰레기통으로 직행한다. 고쳐쓰는 것보다 새 제품을 사는 것이 더 빠르고 경제적이기도 하지만 해마다 새 티셔츠를 사듯 새로운 디자인의 손풍기를 사는 즐거움도 무시할 수 없는 게 현실이다. 게다가 사는 재주가 없어도 물건은 쌓인다. 강연을 가거나 행사에 참석할 때마다 거절하지 못해 받은 보조 배터리, 충전기, 미니 램프의 수명은 결코 길지 않다. 너무 귀여워 지갑을 열고 말았던 물건조차 얼마 못 가 예쁜 쓰레기가 되는데, 나의 취향과 필요와는 무관하게 손에 쥐어진 물건의 운명은 더욱 위태로울 수밖에.

그런 물건들을 만들고 치우면서 죽어가는 아이들의 사정은 너무 먼 이야기다. 전자제품의 주된 원료인 금속을 채굴하고 플라스틱을 생산하며 탄소를 배출하고 또 파쇄하고 묻고 태우는 것을 무한 반복하면 기후 위기가 가속화된다는 것은 너무 큰 이야기다. 고치는 것보다 새로 사는 것이 싸다는 말에 '세상 참 좋아졌다' 생각이 드는 지구에는 아동 노동도 기후 위기도 존재하지 않는다.

70년 전
꿈꾸던
그 미래에서

해마다 53억 개의 휴대전화가 버려진다.[53] 한국인 한 명이 평생 사용하는 휴대전화는 30개, 전자제품은 230개에 달한다.[54] 값싼 물건만이 문제는 아니다. 의류 산업의 환경 문제를 패스트 패션 탓으로만 돌릴 수 없듯, 100만 원이 훌쩍 넘는 스마트폰도 빠른 교체를 유도하고 장려하며 매년 새 모델을 끊임없이 선보인다. 가진 물건을 낡고 시대에 뒤떨어진 것처럼 느끼도록 하여 필요보다 빠른 속도로 교체하게 하는 '계획적 진부화Planned

---

53 WEEE Forum, 〈International E-waste Day: Of ~16 Billion Mobile Phones Possessed Worldwide, ~5.3 Billion will Become Waste in 2022〉, press release, October 13, 2022.

54 〈E-순환거버넌스〉.

obsolescence'는 100년째 유효한 경영 전략이다. 멀리 거슬러 올라가면 기업들이 담합해 전구의 수명을 의도적으로 줄이기도 했고, 더 이상 소프트웨어 업데이트가 지원되지 않아 멀쩡한 태블릿 PC가 먹통이 되는 일은 요즘도 흔히 일어난다.

몇 년 전에는 세상을 떠들썩하게 한 '배터리 게이트Battery Gate'가 있었다. 애플의 아이폰 6, 아이폰 7 사용자들이 소프트웨어 업데이트 후 기기의 속도가 느려지는 증상을 겪은 것이다. 심지어 해당 제품들은 출시한 지 1, 2년밖에 안 된 모델이었다. 애플은 제품의 수명을 의도적으로 줄였다는 비판에 직면했고 결국 2017년 12월, 노후된 배터리가 장착된 구형 모델의 성능을 소프트웨어 업데이트를 통해 낮췄음을 시인했다.[55] 애플은 이것이 신제품을 구매하게 하려는 의도는 아니었다고 주장했지만 소비자들은 가만히 있지 않았다. 미국, 유럽, 남아메리카까지 세계 곳곳에서 애플을 상대로 소송이 잇따랐다. 프랑스에서는 시민단체 HOPHalte à l'obsolescence programmée가 소송에 나섰다. HOP의 회장이자 프랑스 의회 생태민주주의연대 자문위원인 캉탱 제스키

---

55 Shara Tibken, 〈Apple admits to slowing older phones because of battery issues〉, CBS News, December 20, 2017.

에르Quentin Ghesquière는 말했다.

"제품의 지속 가능성이란 그 제품을 최대한 오래 쓸 수 있게 하는 겁니다. 제품 하나 하나가 세상에 영향을 남기기 때문이죠. 탄소 배출, 생태계 파괴를 무시하고 폐기물을 발생시켜 경제를 무한 성장시키겠다는 생각은 더 이상 유효하지 않습니다."

프랑스는 2015년 세계 최초로 계획적 진부화를 범죄로 규정했다.[56] 새 제품의 판매 촉진을 위해 기존 제품의 수명을 단축하려는 기술적 조치는 물론이고 '그 물건은 이제 낡아서 안 돼'라는 뉘앙스의 광고도 범죄가 된다. HOP는 기업들이 이 법을 준수하여 제품의 수리 가능성 즉 지속 가능성을 높일 것을 요구하는 단체다. 파리의 HOP 사무실에는 캉탱이 할머니에게 받은 1970년대 원두 분쇄기, 길에서 주운 1990년대 프린터가 여전히 잘 작동하고 있었다. 캉탱의 주머니에 삐져나와 있는 것은 꽤 오랜만에 보는 줄 이어폰이었다.

"이건 잭이 달려있는 고전적인 이어폰인데요. 요즘은 이어폰

---

56 République française, 〈Article L441-2〉, Code de la consommation, Ordonnance n°
   2016-301, March 14, 2016.

잭을 꽂을 수 있는 스마트폰이 거의 없어요. 그러면 무선 이어폰이 필요하지 않던 사람들도 결국 살 수밖에 없죠. 게다가 무선 이어폰은 리튬 이온 배터리가 수명을 다 하면 못 쓰니까 교체 주기도 짧고요. 이런 게 다 계획적 진부화라고 할 수 있죠.”

“흔히 볼 수 있는 계획적 진부화에는 어떤 것들이 있나요?”

“첫 번째는 가장 이해하기 쉬운 기술적 진부화예요. 부품의 성능이나 배열 방식을 조절해 오래 사용하지 못하게 하는 거죠. 열에 약한 부품을 열원에 적당히 가깝게 배치해서 시간이 지날수록 작동이 잘 안 되게 하는 것처럼 소비자들이 눈치채기 어려운 방식들도 많아요. 두 번째는 마케팅으로 하는 심리적 진부화예요. 개인적으로 이게 더 심각한 문제라고 생각합니다. 마케팅 즉 광고를 통해 당신의 물건이 낡고 별로라는 생각을 머릿속에 자리 잡게 하죠. 그 일은 매년 9월에 일어나요. ‘믿을 수 없을 만큼 새롭고 전에 없던 혁신적인 아이폰입니다’라며 신상품 구매를 부추기죠. ‘시대에 뒤떨어진 것은 버리세요. 그리고 다시 태어나세요’ 이게 그들이 말하고자 하는 것입니다. 유능한 삶을 살고 뒤처지지 않으려면 새 제품이 필요하다는 생각을 주입하는 거예요. 우리가 항상 더 많은 소비를 부추김당한다는 것, 의도적으로 제품의 수명이 단축된다는 것을 파악하면, 끊임없이 새로운 물건을 사도록 설계된 세상의 부조리를 이해할 수 있어요. 그 부조리가 인간과 환경에 미치는 영향도요."

캉탱은 멀쩡한 제품의 교체를 유도하는 기업의 관행을 알리고, 경쟁소비부정행위방지국DGCCRF이 이러한 사례를 조사할 수 있도록 집단 소송을 제기해 왔다. 배터리 게이트는 그중 하나였다. 애플은 프랑스에서 사기 마케팅 혐의로 조사가 시작되자, 자발적으로 2,500만 유로를 내고 사건을 마무리 지었다.[57] 같은 건으로 미국에서는 5억 달러의 손해 배상금을 지급했다.[58] 한편 한국에서도 6만 명이 넘는 아이폰 이용자들이 애플 본사와 애플코리아를 상대로 손해배상소송을 제기했다. 그러나 1심에서는 패소했고 이들 중 단 일곱 명만이 항소한 끝에 2심 재판부는 애플이 일곱 명에게 각각 7만 원과 이에 대한 지연이자를 지급하라고 판결했다. 애플은 이마저 불복해 상고했다.[59] 그래도 괜찮은

---

57 Laura Kayali, 〈Apple fined €25M in France for misleading consumers about sloweddown iPhones〉, Politico, February 7, 2020.

58 Rachel Lerman, 〈Apple to pay up to $500M over battery-related phone slowdown〉, AP, March 3, 2020.

59 현화영, 〈"7만원씩 배상도 어렵다" 아이폰 '배터리 게이트' 결국 대법원행… 애플 상고〉, 세계일보, Dec 29, 2023.

곳이기 때문일까? 예상대로 사건은 잊혔고 피해자들만 유난을 떤 사람이 되었다.

"기업들은 계획적 진부화를 인정하지 않습니다. 그래도 새로운 법과 캠페인 덕분에 시민들의 생각이 바뀌었어요. 예전에는 프랑스인들도 '계획된 노후화라는 게 존재할까?', '국제적 음모론이 아닐까?' 다들 그렇게 생각했거든요. 소비자들이 예전보다 제품을 빨리 교체하는 것의 배후에 기업의 의도가 있다고는 생각하지 못했죠. 그걸 제대로 증명하지도 못했고요. 하지만 이제는 일반 시민들도 분명히 알아요. 그런 문제를 인식하고 법으로 제재함과 동시에 우리는 '순환 경제'라는 대안을 마련하고 있어요. 몇 년 전만 해도 누구도 관심 갖지 않던 분야죠."

2015년 계획적 진부화를 금지한 프랑스는 2020년, 수리하여 오래 쓸 권리를 법으로 보장하기에 이르렀다. 전자제품 제조 기업이 소비자에게 수리 가능성을 알리도록 하는 '순환 경제를 위한 폐기물 방지법Loi relative à la lutte contre le gaspillage et à l'économie circulaire'을 제정한 것이다. 이 법에 따라 스마트폰, 노트북, 청소기 등의 전자제품에 '수리 가능성 지수' 표기가 의무화되었다. 수리의 난이도, 부품의 보유 기간과 가격 등의 기준에 따라 각 제품의 수리 가능성은 다섯 개의 등급으로 나뉘고, 각 등급에 해당하는 색상과 점수는 가격 옆에 뚜렷하게 표기된다. 즉 배터리를 교체할 수 없게 기기 내부에 접착한 휴대전화나 특수 나사로만 열 수 있는 노트북은 낮은 점수를 받을 수밖에 없다. 더불어 교체 대신 수리를 선택한 소비자에게는 보조금과 추가 보증 기간을 줘서 고쳐 쓰는 것의 비용을 낮추고 혜택은 높였다. 프랑스는 이를 통해 40%였던 전자제품 수리 비율을 60%까지 높이는 것을 목표로 삼았다. 소비, 생산, 유통을 아우르는 주체들이 모여 170회에 이르는 공청회를 거친 끝에 만들어진 이 법은 프랑스 사회가 무엇을 해결해야 할 '문제'로 인식하는지를 보여준다. 빨리 만들고 버리며 성장하는 행복 방정식이 적어도 이곳에서는 어떤 불쾌함을 일으키고 있었던 것이다.

"우리가 계속 이렇게 산다면, 가장 큰 희생자는 불행하게도 우리 아이들이 될 겁니다. 전 세계 전자제품 중 적절하게 재활용되는 비율은 20%가 채 안 됩니다. 우리가 버린 전자제품의 80%는 어떻게 되는지 알 수 없다는 거죠. 세계보건기구WHO의 연구에 따르면 약 1,800만 명의 아이들이 전자 폐기물 근처에서 영향을 받으며 살아갑니다. 그러니까 우리가 해야 할 일은 각자의 전자제품을 최대한 오래 쓰는 겁니다. 게다가 전자제품이 환경에 미치는 영향은 본질적으로 생산에 있어요. 폐기보다 생산 과정에서 훨씬 많은 탄소가 발생하고 막대한 자원을 소비합니다. 더 오래 사용할 수 있게 품질이 좋고 해체와 조립이 쉬우며 수리가 가능한 제품을 만들어야 하는 이유죠. 혹시 여러분의 제품이 금방 고장 난다면, 판매 기업을 찾아가서 귀찮게 하세요. 그리고 수리 가능성을 전혀 염두에 두지 않은 제품들은 구입하지 마세요. 기후와 환경이 어찌되든 상관 않는다고 선언한 제품이니까요. 구매를 멈추는 것까지가 당신의 책임입니다. 그 뒤로는 제조업체들의 책임이죠. 내구성 있고 수리 가능한 제품을 판매해서 우리 모두가 겪는 환경 문제 해결에 동참하겠다는 책임감 말입니다."

"소비자의 행동이 유의미한 변화를 가져올 수 있다고 생각하세요?"

"그럼요. 스마트폰을 2년마다 바꾸는 사람들이 모두 3년마다 바꾸기로 한다고 가정해 보세요. 사실 큰 불편함을 감수해야 하는 일도 아니죠. 6년 동안 세 대 살 것을 두 대 사는 거예요. 이렇게 줄어든 수요에 따라 공급도 상식적으로 움직인다면, 스마트폰 생산량은 33% 감소하게 돼요. 전 세계인이 사용할 스마트폰을 만들어 내면서 환경에 미치는 영향의 무려 3분의 1을 없앨 수 있는 거죠. 유럽인들만 스마트폰을 지금보다 1년 더 사용한다 해도 도로에서 자동차 100만 대를 없애는 것과 같은 탄소 배출 저감 효과가 예상됩니다. 스마트폰 없이는 못 사니까 그로 인한 막대한 환경 영향은 '불가피한' 문제라 생각하지만, 우리의 생각이나 관행을 조금 바꾸면 큰 변화를 이끌어 낼 수 있어요. 극단적인 금욕이 필요한 게 아니죠."

"계획적 진부화를 금지하고, 물건을 오래 쓰도록 하는 정책은 생산자로 하여금 혁신에 대한 동기를 잃게 한다는 지적도 있습니다. 사람들이 새 물건을 열심히 사지 않으면 기업들이 더 좋은 제품을 생산하지 않을 거라는 걱정인데요. 당신의 생각은 어떤가요?"

"더 좋은 제품에 대한 정의가 필요합니다. 무엇을 위해, 무엇에 더 좋은 제품인지 말이죠. 말씀하신 것처럼 혁신에 필요한 돈을 지불하는 것은 바로 소비자들이에요. 그러니까 우리에게 필요한 혁신이 무엇인지 스스로 생각해야 합니다. 매년 '혁신', 심지어 '혁명'이라는 이름으로 나오는 새 스마트폰을 보세요. 더 나은 화질, 음질, 속도가 혁신의 내용이죠. 이런 기능적 개선이 지금 우리에게 시급한 '혁신'일까요? 분명 우리에게는 혁신이 절실해요. 전자제품의 지속 가능성에 관한 혁신이죠. 생산 과정에서 더 적은 자원을 쓰고 폐기 과정에서 오염을 최소화할 수 있는 혁신적인 제품을 우리도 기다리고 있어요. 기후, 환경 문제의 심각성을 고려한다면, 무엇이 세상에 더 좋은 혁신일까요? 화질 혁신은 아니겠죠."

결국 책임 있는 어른이 되기 위해서는, 책임 있는 선택부터 시작해야 한다. 느리지만 세상은 변하고 있다. 속마음이야 어떻든 모든 기업이 지속 가능성을 말하는 시대는 결코 오래되지 않았다. 네덜란드에 세계 최초의 '수리 카페'가 생긴 것은 2009년인데, 최근에는 수리의 경제적인 이점보다 환경, 인권에 대한 관심으로 수리 카페를 찾는 젊은이들이 늘어나고 있다.

1955년, 미국의 〈라이프〉 매거진에는 훗날 아주 유명해진 사진 한 장이 실렸다. 일회용 식판, 컵, 숟가락, 비닐을 공중에 던지며 해방감을 만끽하는 가족의 모습은 당시 무엇이 좋은 삶이었

Throwaway Living(쓰고 버리는 삶)[60]

---

60 Stackpole, Peter, 〈Throwaway Living〉, 《LIFE Magazine》, New York, 1955.

는지를 보여준다. 그건 그 시절 우리가 바란 혁신의 방향을 담은 일종의 선언이기도 했다. 물건이 넘쳐나는 대호황의 시대, 무엇이든 한 번 쓰고 버리는 삶은 씻고 고치는 노동에서의 해방과 가정의 행복을 약속하는 혁신이었다. 사진은 부모와 함께 양팔을 머리 위로 뻗어 물건을 버리고 있는 아이의 활짝 웃는 얼굴, 그 위로 일회용 컵과 빨대가 떨어지려는 찰나를 포착했다. 우리는 그 미래를 살고 있는 것일까? 중금속 분진과 전자쓰레기에 짓눌려 가던 아이들의 얼굴이 겹쳐 보인다. 세상은 좀 더 빨리 변해야 한다.

살아서
어른이 되면

그런 나라들이 있다. 봄날의 꽃 축제와 이웃 간의 미담이 쓸만한 해외 토픽이 되는.

그런 나라들이 있다. 내전, 기근, 홍수, 사상자가 속출하는 잿더미 속 아비규환쯤은 되어야 국제 뉴스가 되는.

"어떻게 저러고들 살까?"

"장난 아니네. 그림은 된다."

거짓은 아니다. 양쪽의 소식은 분명 현실에 기반한다. 그러나 절대 섞일 것 같지 않은 두 세계는 떨어져 있지 않다. 서로의 오늘이 엉켜 붙어 서로의 내일을 만든다. 북반구의 과잉 생산과 고탄소 생활은 남반구의 극한 기후와 폐기물 범람을 가속화하고,

그곳의 사람들을 '하필 그런 곳에 태어나서 이거라도 해야 먹고 사는' 처지에 묶어두는 데 중요한 역할을 한다. 그러니 지지리도 없는 운과 민족성을 운운해 봐야 문제가 해결되기는커녕 혀를 끌끌 차게 하는 뉴스만 수십 년째 계속될 수밖에.

코발트 광산과 전자 폐기물 더미에서 말도 안 되는 삶을 견디는 아이들은 어떤가? 아이들의 손발에 대한 수요는 국경 안에서 발생하지 않는다. 지금 이 순간에도 수천km 떨어진 곳에서 아이들의 피와 땀이 안정적으로 공급되는 덕분에 말도 안 되게 변덕스럽고 편안한 삶을 누리는 우리가 있고, 그 사이에서 말도 안 되게 큰돈을 벌며 두 세계가 서로를 바라보지 못한 채 각자 역할에 충실하기를 바라는 이들이 있다. 가난, 착취, 폭력은 어느 지역의 고유 특산품이 아니다. 미국과 유럽에서는 용납 안 될 아동 노동이 마침내 지구 반대편에서도 뿌리 뽑히면 곤란할 것은 누구인가? 벨기에에서 인간이 인간에게 차마 가할 수 없던 잔인한 폭력, 미국에서 소비자가 차마 알아서는 안 될 노동 착취를 아프리카에서 행하고, 방조하고, 그로부터 이득을 얻는 것은 누구인가?

콜웨지와 라고스에서 매일 밤 생각했다. 쇳가루 바람이 부는 이곳에서 태어났다면 나는 어떤 어른이 되었을까? 누군가 어린 나를 촬영하러 왔다면 무슨 말을 했을까? 태어나 보니 광산과 쓰레기 더미에서 목숨을 부여잡아야 했던 나는 발버둥 쳐 이곳을 벗어나는 데 성공했을까? 1988년 한국에서 태어난 것이 나의 성과가 아니듯, 2018년 코발트 광산에서 태어난 것은 아이의 잘못이 아니다. 그렇기에 이루어지지 않을 재회를 상상하며 '너의 잘못이 아니다'라고 분명히 말하는 어른 한 명의 기록을 세상에 남기고 싶었다. 모린, 카스, 메삭, 살리수… 버거운 기억 속 아이들의 이름을 하나하나 한글로 꺼내어 이곳으로 불러오고 싶었다. 종이 위에서라도 어른들이 이 아이들과 마주하기를 바랐다. 이 이름들이 우리와 상관없는 그저 가난한 나라의 불쌍한 아이가 아니라는 것을 보길 바랐다. 우리에게 필요한 것은 한가한 동정심이 아니라, 아이의 고통으로 얼룩진 내 삶을 닦으려는 어른의 책임감임을 느끼기를 바랐다.

화성 탐사 로봇이 이미 존재하고, AI가 인간 노동의 상당수를 대체해 가는 시대다. 그런데 어른이 쓰는 전자제품에 왜 아직

도 아이의 노동이 사용되는지 우리는 설명하지 못한다. 영영 모르기로 약속한 듯 어쩔 수 없다는 이야기만 되풀이한다. 그러니 떠들어 봤자 무슨 소용이냐는 사람들에게 하고 싶은 말이 있다. 100년 전 영국에는 아동 노동이 만연했다. 방직기 앞에서, 굴뚝 안에서 아이들은 햇볕도 못 본 채 죽도록 일했다. 50년 전 한국에는 아동 매매가 성행했다. 거리에서, 병원에서 값이 매겨진 수많은 아이들이 입양이라는 허울 아래 거래되었다. 당시 그것은 자연스럽고 합리적이며 마음이 아픈들 어쩔 수 없는 세상의 이치와 같았다.

분명 세상은 바뀌었다. 그러나 소용과 효용을 따진 사람들만 있었다면 절대 바뀌지 않았을 것도 분명하다. 다행히도 나보다 앞서 아이들을 만나 쓸데없기 그지없는 글과 사진을 남긴 사람들이 많다. 덕분에 세상은 오늘도, 내일도 아주 조금씩 바뀌어 갈 것이다. 언젠가 콜웨지와 라고스의 아이들도 서울과 브뤼셀의 아이들처럼 절대 일을 해서는 안 되는 세상이 오기를 꿈꾸고, 또 확신한다. 그 세상을 위해 나는 최선을 다했던 어른이고 싶다. 여전히 아동 노동이 존재하던 시대, 언론인으로 살았던 내가 어떤 편에 서서 무엇을 기록했는지 2100년의 아이에게 부끄럽지 않았으면 한다. 그것은 운 좋게도 살아서 어른이 된 내가 부릴 가장 큰 사치가 될 것이다.

아이를 위한 지구는 없다

초판 1쇄 인쇄 2026년 4월 22일
초판 1쇄 발행 2026년 5월 6일

지은이 | 김가람
발행인 | 강봉자, 김은경

펴낸곳 | (주)문학수첩
주소 | 경기도 파주시 회동길 503-1(문발동 633-4) 출판문화단지
전화 | 031-955-9088(마케팅부) 031-955-9532(편집부)
팩스 | 031-955-9066
등록 | 1991년 11월 27일 제16-482호

ISBN 979-11-7383-044-0 03330

*파본은 구매처에서 바꾸어 드립니다.